Armin Schneider

# Soziales Managen



WOCHEN
SCHAU
STUDIUM

Bibliografische Information der Deutschen Nationalbibliothek

Die Deutsche Nationalbibliothek verzeichnet diese Publikation in der Deutschen Nationalbibliografie; detaillierte bibliografische Daten sind im Internet über http://dnb.d-nb.de abrufbar.



www.wochenschau-verlag.de



Titelgestaltung: Ohl Design
Gedruckt auf chlorfreiem Papier
Gesamtherstellung: Wochenschau Verlag
ISBN 978-3-89974613-6

# Inhalt

1

# 1. Einführung

Management kommt aus dem Lateinischen „manu agere“: mit der Hand ein Pferdegespann leiten. Dieses Manu Agere scheint ein Sinnbild dessen zu sein, was die Leitung in der Sozialen Arbeit ausmacht, wenn man dieses Bild weiter entfaltet. Managenden ist das zu Leitende anvertraut, und sie sind nicht unbedingt auch Eigentümer dieses „Gespanns“. Neben den eigenen Fähigkeiten hängt die Zielerreichung von vielen Faktoren ab, die nicht einfach zu schaffen oder beeinflussen sind. Die Umwelt spielt ebenso eine Rolle wie der Zustand und das Zusammenwirken aller Komponenten eines solchen Gefährts. Ein Pferdegespann kommt schließlich nur dann weiter, wenn sich jemand um das Wohl dieser Leistungsträger kümmert, wenn sie ausreichend gepflegt, gefüttert oder auch einmal in Ruhe gelassen werden. Es gibt unvorhergesehene Dinge, Schlaglöcher, erforderliche Umwege und die Notwendigkeit, das Ganze im Blick zu haben. Diese kleine Illustration bedeutet, dass Managen in diesem Sinne nicht nur eine Anhäufung von Wissen, sondern auch ein Zusammenwirken von Techniken, Erfahrungen, Haltungen und Überzeugungen ist.

Es ist Bescheidenheit angesagt beim „Managen“ von Organisationen im Allgemeinen und beim Managen von Sozialen Organisationen im Besonderen, wenn man vorankommen will und nicht, wie in der Manege, die ohne Zweifel ihre kulturelle Bedeutung hat, im Kreis laufen will oder Vorführeffekte erreichen will.

Management als Gestalten und Leiten eines anvertrauten Gegenstandes bedeutet, dieses Vertrauen weiterzuentwickeln, Verantwortung zu tragen und Rechenschaft über Entscheidungen zu geben.

In diesem Sinne soll hier soziales Managen oder Soziales managen nicht so sehr als Beschreibung eines Zustandes verstanden, sondern als Programm für die Zukunft einer besonderen Form des Managens in einem speziellen Feld entfaltet und entwickelt werden. Das Wortspiel zwischen „soziales Managen“ und „Soziales managen“ will darauf hinweisen, dass es zum einen um die Art des Managens geht, Haltungen, ethische Hintergründe und Methoden spielen dabei eine Rolle, und zum anderen um den Gegenstand, nämlich „das Soziale“. Managen kann hier beschrieben werden als eine Gestaltung im Spannungsfeld zwischen ethischem Anspruch, fachlichem Handeln und begrenzten Gütern. Es gilt dazu beizutragen, dass alle Menschen ein gelingendes Leben im sozialen Umfeld führen können, diese Arbeit auf einem bestmöglichen professionellen Niveau stattfindet und die Güter für diese Investition in die Zukunft der Gesellschaft ausreichend zur Verfügung stehen und optimal genutzt werden. Dass diese Aufgabe eine ungleich komplexere ist, als ein Unternehmen unter weitgehender Ausblendung fachlicher und ethischer Aspekte zu einem Gewinn zu führen, liegt auf der Hand. Schließlich bedeutet „soziales Managen“ auch den Anspruch zu erheben, dass sich das Management in allen Bereichen sozial verhält. Dies meint eine Ausrichtung an Werten des Gemeinwohls. Management ist nie wertfrei, jede Methode hat ihren Hintergrund. So lange schlechtes Management dazu führt, dass Menschen scheitern, freigesetzt werden, gemobbt werden, ausbrennen („burn out“) oder sich bei der Arbeit langweilen („bore out“), ist eine Orientierung in Richtung sozialem Management mehr als ein frommer Wunsch, sondern eine gesellschaftliche Notwendigkeit.

Mit diesem Buch sollen grundlegende Begriffe und Konzepte dieses Managens erläutert und dargestellt werden. Management im Sozialen soll dazu beitragen, dass Soziale Arbeit besser, genauer, zielgerichteter und wirkungsvoller geleistet werden kann.

2

# 2. Management in der Sozialen Arbeit: Annäherungen

## 2.1 Ökonomisches und Soziales

Management scheint nach der Lesart vieler Zeitgenossen ein zweifelhaftes und anrüchiges Verhalten zu sein. Managende werden für die Reduktion von Arbeitsplätzen, wirtschaftliche Fehlentwicklungen und Unternehmenszusammenbrüche verantwortlich gemacht. Management scheint eine unwillkommene und für die Soziale Arbeit schädliche Funktion zu haben. Besonders dann, wenn Management noch als eigene Ideologie, etwa als „Managerialismus" beschrieben wird. Und wenn dieses dann noch in Verbindung mit der Sozialen Arbeit, die sich Zielen der Menschenwürde und der Sozialen Gerechtigkeit verpflichtet fühlt, gebracht wird, dann kann dies nur der Untergang der Sozialen Arbeit bedeuten. Eine Ökonomisierung, eine Entkernung, eine Vereinnahmung scheinen unweigerlich die Folgen zu sein.

Wer diese Ansichten teilt, sollte sich über zweierlei im Klaren sein: Zum einen wurden soziale Organisationen gestaltet, geleitet und geführt, lange bevor die Debatte um den vermeintlichen Einfluss der Ökonomie aufkam, zum anderen, dass gerade auch in Organisationen, in denen die Skepsis, die Ablehnung oder der Widerstand gegen den Kapitalismus organisiert wird, Management im hier genannten Sinne als Gestaltung und Steuerung von Organisationen, notwendig war und ist. Dass jedes Werkzeug auch seine Tücken hat und zumindest Vorstellungen über Menschenbilder transportiert, soll nachfolgend noch stärker in den Mittelpunkt gerückt werden.

Wird Ökonomie von ihrem Ursprung, dem Haushalt her betrachtet, bedeutet Management der Sozialen Arbeit, mit den Begrenztheiten des Haushaltes umzugehen. Soziale Arbeit hat darüber hinaus vielfältige ökonomische Dimensionen, aber auch Wechselbeziehungen zur Ökonomie. So lange ein wirtschaftliches System permanent für die Externalisierung von Kosten sorgt (d.h. Kosten die durch wirtschaftliches Handeln entstehen werden auf andere Systeme, vornehmlich auf das Sozialsystem oder das Umweltsystem abgewälzt. Beispiel ist die „sozialverträgliche Entlassung“ von Arbeitnehmern zu Lasten der Sozialversicherungen und zum Gewinn für das Unternehmen), ist Soziale Arbeit zur Kompensation erforderlich.

Wenn Finis Siegler (vgl. 2009, 11) die Themen der Ökonomie Sozialer Arbeit nennt:

- Beziehung Sozialarbeitender und Adressat
- sozialpolitische und ökonomische Rahmenbedingungen
- an den Bedürfnissen und der Lebenslage des Adressaten orientierte Arbeit
- wirksame und wirtschaftliche Arbeit in sozialen Einrichtungen
- Wirtschaftlichkeit und Qualität des Versorgungssystems „Soziale Dienste“
- Begründung des Anspruchs auf Ressourcen

wird erkennbar: Management muss stattfinden. Dabei ist der Begriff der Knappheit aus der Ökonomie von Bedeutung. Zwar will Soziale Arbeit die „Fülle“ der Entfaltung und der Menschenwürde des Einzelnen, sie steht aber in ihren eigenen Mitteln vor Begrenztheiten (Knappheit) und muss sich entscheiden. „Knappheit resultiert aus

Kostenbewusstsein, dass die Befriedigung des einen Bedürfnisses nur auf Kosten der Nichtbefriedigung eines anderen Bedürfnisses möglich ist“ (Finis Siegler 2009, 94). Diese Knappheiten können wie folgt aussehen:

- Der/die Sozialarbeitende hat begrenzte Zeitressourcen für eine bestimmte Anzahl von Adressaten.
- Die Zuteilung von Ressourcen erfolgt weitgehend durch politische Entscheidungen.
- Bedürfnisse und Qualitätserwartungen des Adressaten sind vorhanden und stehen in einem Verhältnis zu den Angeboten, bestenfalls treffen die Angebote die Bedürfnisse.
- Die Ressourcen (Personen, Sachmittel) in einer Einrichtung müssen so eingesetzt werden, dass sie am besten wirken.
- Soziale Arbeit selbst ist ein wirtschaftlicher Faktor. Die Zahl der Beschäftigten, die Umsätze Sozialer Arbeit sind messbar und ebenso die Produktivität für die Gesellschaft.
- Soziale Arbeit muss ihre Wirkung und Wirtschaftlichkeit messen und darstellen, um Ressourcen zu beanspruchen.

Demzufolge geht es eben nicht um eine „Ökonomisierung Sozialer Arbeit“, um eine Vormachtstellung des ökonomischen Prinzips vor allen Zielen der Sozialen Arbeit: „Das ökonomische Prinzip definiert nicht die Inhalte Sozialer Arbeit. Gegen einen rationalen Mitteleinsatz zur Optimierung sozialarbeiterischer/pädagogischer Ziele kann es keine Einwände geben. [...] Die Ökonomik Sozialer Arbeit bietet die Chance, Soziale Arbeit als eine produktive Leistung darzustellen und den Anspruch auf Teile des Bruttoinlandsproduktes ökonomisch zu begründen“ (Finis Siegler 2009, 15).

Daraus ergeben sich Folgen für die Soziale Arbeit: Soziale Arbeit kann und darf sich nicht als „Reparaturbetrieb eines fehlerhaften Wirtschaftssystems“, das auf Almosen angewiesen ist, begreifen, sondern muss sich als Produzent von gesellschaftlicher Wohlfahrt begreifen und definieren. Jeder Euro in der Sozialen Arbeit ist nicht „verlorener Zuschuss“ (im Sinne einer Ausgabe, die für die Gesellschaft oder Politik verloren ist), sondern er ist Investition in die Zukunft der Gesellschaft. Das bedeutet aber auch, dass die Wirkung dieses Euros der Gesellschaft transparent gemacht werden muss. Auf volkswirtschaftlicher und zunehmend auch betriebswirtschaftlicher Ebene wird dies mit Konzepten des SROI (social return on invest) zu berechnen versucht (vgl. SROI Europe 2009). Wenn Ökonomie im oben beschriebenen Sinne betrachtet wird, bedarf dies auch eines ständigen gesellschaftlichen Dialogs und des Verhandelns über Ressourcen. Nicht nur Sozialarbeitende in Leitungsfunktionen müssen daher ihre Leistung in sozialarbeiterischen Kategorien, sondern auch in wirtschaftlichen Kategorien darstellen und beschreiben. Damit wird an dieser Stelle bereits deutlich, dass Management im Bereich Sozialer Arbeit nicht nur auf eine betriebliche Steuerungsfunktion reduziert wird, sondern sowohl auf Ebenen unterhalb des Betriebes relevant ist, als auch auf Ebenen oberhalb des Betriebes. Außerdem ist auf die Verwobenheit zwischen diesen Ebenen hinzuweisen und die Auswirkung des Managements auf betrieblicher Ebene auf andere Bereiche.

## 2.2 Managementdefinitionen

Vom „manu agere" kommend und die Landwirtschaft betreffend, hat Management eine lange Begriffsgeschichte und unterschiedliche Definitionsversuche erfahren. Eine neuere einfache, aber auch treffende Aussage, die die Fülle von Managementaufgaben verdeutlicht, ist die von Malik: „Management handelt von Menschen in Organisationen und umgekehrt von Organisationen mit Menschen" (Malik 2006, 62). Die Mehrzahl der Publikationen definiert Management handlungsorientiert. Beim Managementbegriff wird unterschieden zwischen einem institutionellen und einem funktionalen Ansatz. Der erste ist personenorientiert und meint das Management als Personengruppe in einem Unternehmen: „alle Personen, die in einem Unternehmen Führungspositionen einnehmen" (Pollert u.a. 2004, 289). Der funktionale meint die Funktion des Managements: „die Tätigkeit der Führung [...] und Leitung eines Unternehmens oder Verantwortungsbereichs eines Unternehmens oder spezifische Tätigkeiten (z.B. Qualitätsmanagement, Krisenmanagement)" (Pollert u.a. 2004, 289). Daneben spielen auch der handlungsorientierte Ansatz bzw. die handlungsorientierten Managementprinzipien eine Rolle (mit den zahlreichen „Management by ..."-Methoden). Stets ist ein solcher Begriff Moden unterworfen und wird je nach Tradition und Zeitepoche mal eher technologisch, humanistisch oder wissenschaftlich ausgelegt und definiert.

Das Wörterbuch der Marxistisch-Leninistischen Philosophie beispielsweise definierte 1983 Management als „Begriff monokapitalistischer Leitungspraxis und -theorie“ mit den Zielen: Monopolprofite zu erzielen, die Kampfkraft der Arbeiterklasse zu schwächen, die kapitalistische Leitung zu effektivieren und einen politischen, ideologischen und ökonomischen Kampf gegen die Länder des Sozialismus zu führen (vgl. Wörterbuch 1983, 404 f.). Dass Management nicht nur im kapitalistischen System vorhanden ist, wird deutlich, wenn gerade auch Organisationen, die diesem System ablehnend bis kritisch gegenüberstehen, wie eine Kommunistische Partei im ehemaligen „Ostblock“ oder der Vatikan, keineswegs auf Management im Sinne einer Steuerung, Leitung und Gestaltung ihrer Organisation verzichten können. Management scheint demnach für alle Organisationsformen von wertgebundenen, weltanschaulichen und religiösen Organisationen bis hin zu Organisationen des „organisierten Verbrechens“ wie der Mafia von entscheidender und wichtiger Bedeutung zu sein.

Nach Malik geht es vor allem um die Wirksamkeit von Managern (vgl. Malik 2006, 36). Dort ist die Managementfunktion sehr stark an die Funktion der Führungskraft gekoppelt. Andere Definitionen unterscheiden zwischen dem Management als eine eher rationale Funktion der Steuerung und Führung als eine emotionale Funktion (vgl. Heller 2002, 171). In der angelsächsischen Literatur entspricht dies der Unterscheidung zwischen Management und Leadership (vgl. hierzu u.a. Lawler und Bilson 2010).

Drucker, der das „Management by objectives“ 1954 formulierte und als wichtiger Vertreter der modernen Managementlehre gilt, macht auf die soziale Dimension eines Unternehmens aufmerksam und baut seine Managementlehre u.a. auf dieser Grundlage auf: „Ein Unternehmen ist kein natürliches, sondern ein soziales Phänomen“ (Drucker 2006a, 95 f.). „Die erste Lektion, die Manager von erfolgreichen gemeinnützigen Organisationen lernen können, ist, dass diese eine klare Mission mit den daraus resultierenden Anforderungen haben. Die Mission bringt die Organisation dazu, sich auf das Handeln zu konzentrieren“ (Drucker 2006b, 97). Gerade die neuere Systemtheorie hat verdeutlicht, dass Organisationen und Unternehmen nicht linear steuerbar sind, sondern einer eigenen Logik folgen. Nach Drucker hat das Management in diesem Sinne vor allem die Funktionen der

- „Zielsetzung
- Organisation
- Motivation und Kommunikation
- Bewertung
- Entwicklung und Förderung von Menschen (einschließlich seiner selbst)“ (nach Crainer 1999, 27).

Zuweilen wird eine mangelnde Professionalität, verbunden mit eindeutigen Standards, Standesregeln und einem festen Wissensbestand, im Management als Defizit gesehen.

## 2.3 Verortung des Managements in der Sozialen Arbeit

Management und Soziale Arbeit, allein die Anzahl und die Bezeichnungen von Studiengängen in diesem Bereich sind verwirrend und vielschichtig. Ökonomie des Dritten Sektors, Nonprofitmanagement, Sozialwirtschaft, Diakonie oder Caritaswissenschaften bzw. -management. Was all diesen Bereichen gemeinsam ist, ist der Bezug zu verschiedenen Wissenschaftsdisziplinen, es geht um die Verbindung von Sozialer Arbeit, im weiteren Sinne um Sozialwissenschaften, um Betriebswirtschaft, im weiteren Sinne Wirtschaftswissenschaften, um Recht und um Organisation. Zu unterschiedlichen Zeiten waren unterschiedliche dieser Wissenschaftsdisziplinen zu jeweils anderen Anteilen bedeutsam. In Zeiten, in denen Soziale Arbeit eher eine Angelegenheit von privaten Initiativen war, spielte vor allem das, was man heute „bürgerschaftliches Engagement“ nennt, eine Rolle. In Zeiten, zu denen Soziale Arbeit vor allem durch staatliches Handeln und seine Strukturen Bedeutung erlangte, stand eher die „Sozialadministration“, das hoheitliche Handeln auf Grund von Gesetzen im Vordergrund. Heute scheinen in einer Umwelt, in der wirtschaftliche Kriterien an Bedeutung gewinnen, wirtschaftswissenschaftliche Aspekte dieses Managements sozialer Einrichtungen von entscheidender Bedeutung zu sein. Die ökonomische Dimension wirkt von mehreren Seiten auf die Soziale Arbeit ein:

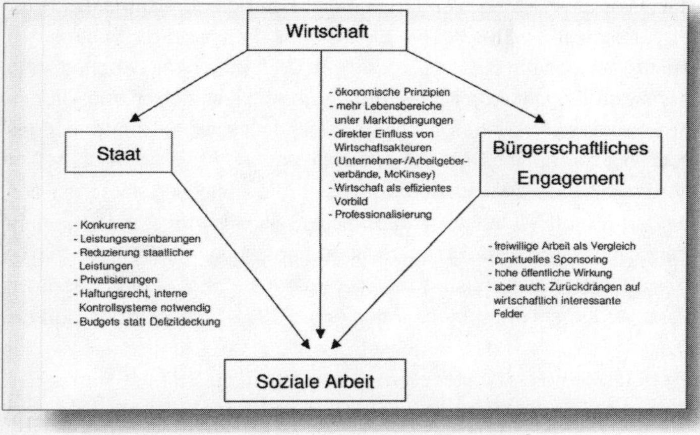


*Abbildung 1: Ökonomischer Einfluss auf Soziale Arbeit*

Nicht allein von Seiten der Wirtschaft wird Einfluss auf die Soziale Arbeit ausgeübt, sondern auch durch den Staat, der seit Mitte der 90er Jahre des letzten Jahrhunderts durch Gesetze (z.B. Pflegeversicherung) zunehmend den Wettbewerbsgedanken und Marktmechanismen in die Soziale Arbeit eingeführt hat. Auch die verschärften Bedingungen des Haftungsrechts, Initiativen wie der Corporate Governance Kodex, die zunächst für Wirtschaftskonzerne entwickelt wurden, wirken sich auf Träger der Sozialen Arbeit aus, indem Gerichte diese Grundlagen auch für andere Bereiche zu Rate ziehen (vgl. Solidaris 2007). Wirtschaftliche Akteure sehen den Sozialen Bereich schon aufgrund des Umfangs als mögliches Tätigkeitsfeld und versprechen sich einen Gewinn. Was im Bereich des Gesundheitswesens schon Fakt ist, wird im Bereich der Sozialen Arbeit an Bedeutung gewinnen: privatkommerzielle Träger und Initiativen übernehmen (manchmal zu günstigeren Preisen bei besserer Qualität) Aufgaben, die vorher von Wohlfahrtsverbänden oder öffentlichen Trägern wahrgenommen wurden. Vielfach ergeben sich dadurch Chancen für eine zunehmende Zahl von Selbständigen in der Sozialen Arbeit. Ein weiterer Akteur ist der so genannte „Dritte Sektor“, ein Bereich zu dem teilweise auch die Soziale Arbeit selbst zu rechnen ist. Freiwillige bürgerschaftliche Initiativen übernehmen Aufgaben unterstützend oder gar ersetzend für professionelle Soziale Arbeit. Ein Beispiel dafür sind die zahlreichen Tafeln, die sich um die Versorgung von Bedürftigen mit Lebensmitteln bemühen. Bürgerschaftliches Engagement lässt sich medial oft eindrucksvoller und wirkungsvoller darstellen als etwa ein längerfristiges Angebot der stationären Jugendhilfe.

Es ist davon auszugehen, dass sich die Aufteilung zwischen den Feldern Staat, Wirtschaft und Drittem Sektor in der Zukunft anders darstellen wird, wobei dies nicht zwangsläufig ein Verlust für die Soziale Arbeit sein muss, sondern durchaus einen Gewinn bedeuten kann. Argumentiert man mit Rifkin (vgl. 2007), so handelt es sich bei diesem Feld, unter der Voraussetzung, dass auf Grund zunehmender Produktivität die traditionelle Erwerbsarbeit zurückgeht, um einen Zukunftsbereich, der nicht nur Hilfe anbietet, sondern entscheidend für die Zukunft unserer Gesellschaft ist:

> „Beim Dritten Sektor handelt es sich faktisch um eine Parallelwirtschaft. Seine Aufgabe besteht jedoch darin, Sozialkapital zu schaffen, kein Marktkapital. [...] Hier schaffen die Menschen das soziale Vertrauen, das es ihnen ermöglicht, hinauszugehen und sich in wirtschaftlichen Beziehungen zu engagieren. In jeder Gesellschaft geht das Sozialkapital dem Marktkapital voraus“ (Rifkin 2007, 44).

Dörner spricht in diesem Zusammenhang von einem „neuen Wohlfahrtsmix“ (vgl. 2007) als einer neuen Form der Arbeitsaufteilung und der Zusammenarbeit zwischen Freiwilligen und Ehrenamtlichen auf der einen und Professionellen und Hauptberuflichen auf der anderen Seite.

Betrachtet man mit Sell (vgl. 2004, 4 ff.) die Umbrüche im Bereich Sozialer Arbeit, so lassen sich Felder benennen, die mit finanziellen und wirtschaftlichen Fragestellungen zu tun haben: Grundsicherungsmodelle nehmen zu, Leistungen werden pauschaliert, anstelle von Sach- oder Dienstleistungen werden Geldpauschalen gewährt, Dienstleistungen werden „aus einer Hand“ angeboten, Kommunalisierung (z.B. in der Jugendhilfe), Fallpauschalierungen bei den Leistungserbringern,

Rechtsansprüche werden in Ermessensleistungen umgewandelt, der Beratungsbedarf nimmt zu.

Diese Umbrüche stellen die Steuerung und Gestaltung von Sozialen Organisationen vor neue Herausforderungen, zeigen aber die Notwendigkeit der politischen Einflussnahme und des Diskurses über Wirkungen, Folgen und Notwendigkeiten aus einer fundierten fachlichen Sicht.

Weiterhin sind Defizite beim Management sozialer Einrichtungen zu konstatieren, wie dies beispielsweise Albert (vgl. 2006, 46 f.) auf verschiedenen Ebenen dargestellt hat:

- Strukturelle Ebene
  (unklare Abgrenzungen,
  Überforderung von Vorständen,
  informelle Entscheidungsstrukturen,
  hoher Abstimmungs- und Besprechungsbedarf)
- Verwaltungsebene
  (Buchführung wenig aussagekräftig,
  Ressourcen werden schlecht genutzt,
  kein systematisches Controlling)
- Führungsebene
  (Geschäftsführungen ohne Managementkompetenzen,
  Personalführung und Personalentwicklung eher zufällig)
- Personalebene
  (Effizienzverluste durch schlechtes Betriebsklima,
  mangelnde Aus- und Fortbildung)

Wenn, wie oben beschrieben, die wirtschaftswissenschaftliche Seite bei der Betrachtung des Managements Sozialer Organisationen an Bedeutung gewonnen hat oder gewinnt, so darf dies jedoch nicht dazu führen, dass eine Reduzierung des Managements auf diese Dimension erfolgt. Gerade das Management Sozialer Einrichtungen bedeutet, neben der wirtschaftlichen auch fachliche und ethische Dimensionen zur Geltung und zur Wirkung zu bringen.

Schließlich muss darauf hingewiesen werden, dass das derzeitige Wirtschaftsmodell einer Orientierung an finanzwirtschaftlichen Gewinnen hohe soziale Kosten verursacht und es andere ernstzunehmende Modelle des Wirtschaftens gibt, die einen sozialen Gewinn versprechen.

Hingewiesen sei auf Ansätze der Gemeinwesenökonomie, wie sie z.B. von Elsen (1998) vertreten werden. Soziale Arbeit kann nicht Wirtschaft ersetzen, sollte aber volkswirtschaftliche und betriebswirtschaftliche Zusammenhänge sehen, verstehen und sich als Profession im Sinne einer Querschnittspolitik in solche Diskurse einmischen. Schon Alice Salomon, als eine wichtige Gründerpersönlichkeit Sozialer Arbeit, hat in ihren Schulen die Volkswirtschaftslehre zu einem integralen Bestandteil der Ausbildung in der Sozialen Arbeit gemacht (vgl. Salomon 2008).

## 2.4 Institutionenökonomik

Volks- und betriebswirtschaftlich muss davon ausgegangen werden, dass Institutionen als Rahmen und innerhalb des Wirtschaftssystems wichtig sind. Schon in der einfachen Betrachtung einer Vertragsbeziehung ist es wichtig, dass Verträge eingehalten werden und dies eingefordert werden kann. Für den Bereich des Managements der Sozialen Arbeit bedeutet dies: Management kann kein „ungezügeltes Eigenleben“ führen, sondern hat Gesetzmäßigkeiten, die nur zum Teil erforscht sind, aber in ein politisches Rahmensystem, in unserem Fall in ein demokratisches System, eingebunden sind. Gegenstand der Institutionenökonomik ist die Erforschung von Institutionen im Sinne von Regelungen am Markt bzw. in der Politik, die für wirtschaftliches Handeln von Bedeutung sind. In Abgrenzung zu anderen Wirtschaftstheorien, die Institutionen kaum Funktionen zugestehen, werden Institutionen am Markt (u.a. Transaktionskostentheorie, Prinzipal-Agent-Theorie) sowie Institutionen im Bereich der Politik genauer analysiert, wenn auch vor dem Hintergrund der Idee des „Homo Oeconomicus“. Beispielsweise werden bei der Theorie der Transaktionskosten die Kosten vor und nach der Vertragsanbahnung, z.B. durch Überwachung oder Sanktionen, gesehen. Diese sind vor allem von Bedeutung, wenn die Nachhaltigkeit von Verträgen von Belang ist. „Transaktionskosten resultieren im Allgemeinen aus unvollständigen Informationen im weitesten Sinn und strategischem ‚Missbrauch‘ von einseitig bzw. nicht allgemein verfügbaren Informationen“ (Erlei u.a. 2007, 200). Auf der anderen Seite ist die Reputation, die einen Vertrauensvorschuss darstellt, wenn wiederholt Transaktionen erfolgreich waren, zu sehen (vgl. Erlei u.a. 2007, 252).

Ein weiterer Bereich ist die Theorie der Eigentumsrechte, die diese innerhalb der Organisation und deren Wirkung betrachtet. Interessant in diesem Umfeld ist die Theorie der unvollständigen Verträge, die deutlich macht, dass alle vertraglichen Bindungen nicht ohne ein Mindestmaß an gegenseitigem Vertrauen möglich sind. Werte haben eine Bedeutung für wirtschaftliches Handeln und müssen hinter den vertraglichen Institutionen stehen (vgl. hierzu auch Erlei u.a. 2007, 199). Über Regelungen hinaus weist Lütge auf den Zusammenhang zur Unternehmensethik hin:

> „Für den Abschluss unvollständiger Verträge ist Vertrauen zwischen den Interaktionspartnern notwendig, und zu ihrer Befolgung braucht es Fairness. Die beteiligten Unternehmen müssen versuchen, diese Bedingungen herzustellen und zu stabilisieren" (Lütge 2004, 15).

Themen der Institutionenökonomik sind weiter die Prinzipal-Agent-Theorie, die politischen Institutionen des Rechts, die Aufgaben des Staates und der Verfassung im Zusammenhang mit der Rahmensetzung für das Handeln der Wirtschaft. Auf einzelne Bereiche, wie den Begriff des Markt- und Staatsversagens und des Sozialkapitals wird noch einzugehen sein.

Wenn von Management die Rede ist, so darf nicht außer Acht gelassen werden, dass Manager in der Regel als Agenten, z.B. für einen Unternehmenseigentümer, handeln und sich aus diesem Verhältnis Konflikte oder Informationsungleichheiten ergeben können. Mit der grundsätzlichen Differenz zwischen Prinzipal und Agent und den daraus resultierenden Problemen beschäftigt sich die Prinzipal-Agent-Theorie als Teil der Institutionenökonomie. Diese geht davon aus, dass Prinzipal und Agent asymmetrisch informiert sind. Eine Vorgesetzte als Prinzipal hat z.B. andere Informationen als ein Mitarbeiter (als Agent des Prinzipals): So hat die Vorgesetzte Informationen über die Gesamtausrichtung der sozialen Organisation, der Mitarbeiter Informationen über aktuelle Entwicklungen und Bedürfnisse der Adressaten im Bereich der Jugendhilfe, die die Vorgesetzte so nicht hat. Dadurch, dass der Prinzipal die Handlungen des Agenten nicht beobachten kann (versteckte Handlungen), dem Prinzipal der Umweltzustand nicht bekannt ist (versteckte Informationen) oder der Agent über exklusive Informationen über seine Leistungsfähigkeit oder die Qualität des Produkts verfügt (versteckte Eigenschaften), entstehen naturgemäß unterschiedliche Informationsstände, die die Prinzipal-Agent-Theorie mit aufwändigen Rechenmodellen zu analysieren versucht (vgl. Erlei und Schmidt-Mohr 2005, 2391). Jede Form der Übertragung von Verantwortung oder Aufgaben vom Prinzipal (z.B. Vorgesetzter, Kreditgeber, Vermieter, Wähler oder Politiker) auf den Agenten (z.B. Arbeitnehmer, Aktionär, Mieter, Politiker oder Bürokrat) ist mit Kosten durch Agenturprobleme verbunden. Diese können Kosten der Überwachung und Kontrolle der Agenten, Kosten für die Bindung des Verhaltens des Agenten oder der so genannte „residuale Verlust" (Verhalten hat beim Agenten geringen Wert, bedeutet aber für den Prinzipal hohe Kosten) sein (vgl. Erlei u.a. 2007, 75).

Für das Management Sozialer Arbeit bedeutet dies, dass Managende Sozialer Unternehmen in der Gefahr stehen andere Interessen zu verfolgen als die Eigentümer (Vorstände, Geldgeber, ...), oder dass es innerhalb der Unternehmen zwischen diesen beiden Bereichen oder aber zwischen vielen anderen Bereichen zu Informationsungleichheiten kommen kann und kommt. Im ersten Fall kann ein Manager z.B. auf Grund einer Gehaltsregelung, die kurzfristige Erfolge honoriert, gegen längerfristige Interessen des Unternehmens handeln und sei es nur durch die Spekulation mit hochriskanten Wertpapieren. Solche Aktionen mögen kurzfristige Erfolge bieten, bergen aber enorme Risiken für die Finanzkraft und das Renommee eines Unternehmens. Informationsungleichheiten ergeben sich, wenn z.B. der Eigentümer Informationen über zukünftige Aktionen nicht an den Manager weitergibt oder dieser im Sinne von „Herrschaftswissen" relevante Informationen zurückhält. Zum Herrschaftswissen gehört im Übrigen auch die Überflutung des Gegenübers mit Wissen, so dass Informationen über Risiken zwar formal gegeben werden, diese aber in ihrer Relevanz in einem ungeordneten Chaos nicht mehr erkennbar sind. Dies betrifft auch das Handeln von Sozialarbeitenden in Organisationen, die zum einem in einer Hierarchie eingebunden sind und zum anderen ihrer Professionalität verpflichtet sind. Hier kann es zu divergierenden Interessen kommen, beispielsweise wenn ein Sozialarbeiter eine fachlich gebotene Heimunterbringung gegenüber seinem Vorgesetzten nicht durchsetzen kann, der seinerseits an ein vorgegebenes Budget gebunden ist. Solchen innerorganisatorischen Problemen und Risiken wird zuweilen zu wenig Beachtung geschenkt. Schließlich sind die Beziehungen zwischen Prinzipal und Agent in der Sozialen Arbeit noch vielfältiger, als bereits beschrieben. Der Adressat als Steuerzahler kann auch als Prinzipal beschrieben werden. Der Sozialarbeitende hat in aller Regel gegenüber dem Adressaten Sozialer Arbeit einen Informationsvorteil: Letzterer kann kaum als Kunde im Sinne eines „Kundigsein“ agieren aufgrund mangelnder Informationen zu einem Angebot, dessen Auswirkungen und Dimensionen nicht eindimensional oder einfach zu beurteilen sind.

Erlei u.a. (vgl. 2007, 96 f.) unterscheiden bei der Ausprägung des Prinzipal-Agent-Problems zwischen verschiedenen Unternehmensformen. Während das Problem durch maßgebliche Erfolgsbeteiligung bei kleinen Familienunternehmen kaum Bedeutung habe, sei die Kluft zwischen Prinzipal und Agent bei komplexen Aktiengesellschaften wesentlich höher (Trennung von Entscheidungsmanagement und -kontrolle). Einen besonderen Fall bedeuten gemeinnützige Organisationen. Die Geldgeber erwarteten, dass die Geldbeträge für die entsprechenden Zwecke Verwendung finden, dadurch dürfen die Agenten nicht an Gewinnen beteiligt werden und sind somit auch nicht, wie ein Unternehmer, an den Erfolg gebunden. Dadurch entstehe ein Freiheitsraum, der zu Missbräuchen führen könnte (vgl. Erlei u.a. 2007, 97). Gegenstand der Prinzipal-Agent-Theorie sind auch Themen und Probleme der Teamproduktion, etwa der Zusammenhang von Teamgröße und Erfolg oder die Möglichkeiten und Wahrscheinlichkeiten, dass sich Einzelne mit ihrer Leistung in einem Team, vorsichtig ausgedrückt, „zurückhalten“.

Die Prinzipal-Agent-Theorie hat zwar wie viele Bereiche in der Wirtschaft Anreize, vor allem monetärer Art, zum Gegenstand und ist nicht unumstritten, dennoch zeigt sie, bereits in der knappen Darstellung, dass die ungleichen Informationen verschiedener Akteure in einer Organisation nicht vernachlässigt werden können und auch im Management Sozialer Einrichtungen Berücksichtigung finden sollten.

## 2.5 Weiterführende Literatur

Albert, Martin 2006: Soziale Arbeit im Wandel. Professionelle Identität zwischen Ökonomisierung und ethischer Verantwortung. Hamburg

Erlei, Mathias/Leschke, Martin/Sauerland, Dirk 2007: Neue Institutionenökonomik. 2. Auflage. Stuttgart

Wöhrle, Armin 2008: Soziale Arbeit und ihr Management ein schwieriges Verhältnis und eine Vision. In: Bassarak, Herbert/Wöhrle, Armin (Hrsg.) 2008: Sozialwirtschaft und Sozialmanagement im deutschsprachigen Raum. Bestandsaufnahmen und Perspektiven. Augsburg: S. 63-76.

## 2.6 Fragen zu Kapitel 2

- Welche Bedeutung hat die Ökonomie für die Soziale Arbeit?
- Was bedeutet Knappheit und wo müssen Fachkräfte der Sozialen Arbeit Knappheit managen?
- Wie wird der Begriff des Managens verwendet?
- Wie verändert sich das Verhältnis zwischen Ökonomie und Sozialer Arbeit?
- Nennen Sie Beispiele für die Prinzipal-Agent-Theorie aus der Sozialen Arbeit! Welche Konsequenzen ergeben sich daraus für das Management?

3

# 3. Zwischen Zügeln und Zügellosigkeit: Hintergründe und Richtungen

Wurde oben von der ursprünglichen Idee des „manu agere" gesprochen, in dem der Bauer die Zügel in der Hand hatte, so kann dieses Bild weiter beansprucht werden, indem Management nicht als Selbstzweck beschrieben werden soll, sondern ihm selbst auch „Zügel" im Sinne von Beschränkungen und Wertorientierungen auferlegt werden müssen, damit Management nicht „zügellos" zum Selbstzweck wird. Cleppien mahnt daher die Orientierung des Managements an anderen als rein wirtschaftlichen Rationalitäten an: „Eine ausschließliche Orientierung am ‚manageriellen Denken' ist, so meine Annahme, durch die Perspektive des professionalisierten Managements gekennzeichnet und vernachlässigt das Zusammenspiel mit anderen Rationalitäten" (Cleppien 2008, 535).

## 3.1 Menschenbilder und Hintergründe

Das Menschenbild des Homo Oeconomicus geht davon aus, dass, wenn jeder für sich sorgt, für alle gesorgt ist. In betriebswirtschaftlicher Verkürzung bedeutet dies, dass es darauf ankommt, mit weniger Aufwand gleich viel zu erreichen (Minimalprinzip) oder mit gleichem Aufwand mehr zu erreichen (Maximalprinzip). Dass dieses ökonomische Prinzip, welches sich auf den Markt als Steuerungsinstanz bezieht, scheitern kann, zeigen Felder im Bereich der Sozialen Arbeit, für die es keinen Markt, keine Nachfrage und kein Angebot gibt. Wenn aus ethischer Überzeugung eine Schlafstätte für Wohnungslose geschaffen wird, ist zu Beginn keine Nachfrage etwa einer Kommune vorhanden. Genauso wie die Marktsteuerung zu Marktversagen führen kann, können aber auch eine rein staatliche Steuerung zu „Staatsversagen" (z.B. die Steuerung durch den Staat führt zu einem Verschwinden von Selbsthilfemechanismen und zu einer größeren Risikobereitschaft, weil Risiken auf diesen abgewälzt werden können) und eine rein philanthropische Steuerung zu einem Versagen führen (z.B. löst reine Mildtätigkeit nicht das Problem der Armut, sondern kann auch zu Abhängigkeiten führen). Es ist eine entscheidende Frage, welcher Steuerungsmechanismus für den jeweiligen Bereich die besten Dienste leisten kann.

Die Menschenbilder im Hintergrund des Managements lassen sich anhand der nachstehenden Fragestellungen aufdecken und damit auf den Nutzen für die jeweiligen Bereiche, aber auch nach dessen ethischer Dimension beschreiben:

- Wird der Mensch als eigenständig und sich selbst verantwortlich betrachtet oder als fremdbestimmt?
- Wird der Mensch grundsätzlich als gut oder grundsätzlich als schlecht gesehen?
- Ist der Mensch in einer Organisation steuerbar oder nicht?
- Wird von einem universalen oder einem partikularen Menschenbild ausgegangen?
- Welche Rolle spielen Gleichheit, gleiche Rechte und welches Bild von Gerechtigkeit steht hinter dem Management?

Für das Management sozialer Einrichtungen bedeutet dies, dass der Managementbegriff sich nicht einseitig an den Notwendigkeiten eines privatkommerziellen Unternehmens ausrichten kann, aber auch eine solche Ausrichtung bei der Vielzahl der erfolgreichen privaten Unternehmen in diesem Bereich nicht ausschließen kann. Es geht darum, einen Managementbegriff zu entwickeln, der den Besonderheiten der Sozialen Arbeit gerecht wird. Oder anders ausgedrückt: Gibt es ein Menschenbild der Sozialen Arbeit? Hierzu kann es hilfreich sein, die gängigen und gebräuchlichen Definitionen Sozialer Arbeit zu betrachten (siehe hierzu auch 4.1).

## 3.2 Historische Entwicklungen

Entsprechend der Begriffsgeschichte ließe sich schon zu Beginn der Menschheitsgeschichte mit gewisser Berechtigung von Management schreiben. In der neueren Entwicklung wird jedoch von einem systematischen Management meist erst ab dem nach Frederick W. Taylor (1856-1915) benannten Taylorismus ausgegangen, der sich um eine wissenschaftliche Ausrichtung als „scientific management" bemühte. Wird der Taylorismus heute zuweilen als abgeschlossene vergangene Epoche beschrieben, die eine längst überholte oder gar rückständige Methode des Managements beinhaltet, so ließe sich dagegen zumindest zweierlei einwenden: Zum einen werden der Sozialen Arbeit heute viele Anforderungen entgegengebracht, die durchaus Elemente der Teilung von Planung und Durchführung, der Zerteilung der Arbeit in kleine Handgriffe, der Sicherung von Abläufen und damit eines Taylorismus haben. Auch die dem Taylorismus zugrundeliegende Skepsis gegenüber der Arbeitsmoral des Menschen, ist in vielen Bereichen zu beobachten. Zum anderen muss in der Historizität des Taylorismus diese Richtung als ein für die Zeit Taylors fortschrittliches Element mit menschenfreundlichem Hintergrund gesehen werden.

Damals war die Macht in den Händen der Vorarbeiter konzentriert, die nicht selten bei der Rekrutierung von Arbeitskräften Willkür und Korruption walten ließen und gegenüber den Eigentümern eine herausgehobene Stellung innehatten. Auch waren ungelernte Arbeitskräfte mit häufigem Stellenwechsel die Regel (vgl. Bonazzi 2008, 27 f.).

Menschen hätten die Tendenz, es sich bei der Arbeit einzurichten und bequem zu machen, diese Tendenz sah Taylor auch bei Führungskräften, deshalb ging er von einer vorher militärisch-hierarchischen Struktur über zu einer funktionalen Führung „bei der die Arbeiter nicht mehr einem Vorgesetzten gehorchen, sondern von verschiedenen übergeordneten Stellen Anweisungen erhalten und kontrolliert werden, wobei jeder einzelne Vorgesetzte für jeweils einen bestimmten Arbeitsbereich zuständig ist" (Bonazzi 2008, 39).

Die wissenschaftliche Analyse der Arbeitsmethoden beruhte bei Taylor auf der Zerlegung der einzelnen bei Arbeitenden beobachteten Tätigkeiten und deren Optimierung nach rationalen Kriterien. Es ging um eine Standardisierung und Festlegung von Arbeitszeiten. Nach einer Analyse wurden die Arbeiter in die ihnen zugewiesenen Arbeiten unterwiesen, nach Beobachtungen wurden Korrekturen vorgenommen. Insgesamt war neben der Rationalität die Überzeugung, dass es für alles einen richtigen Weg gäbe („one best way") eine Grundlage des Denkens von Taylor (vgl. Bonazzi 2008, 34 f., 41).

Dem taylorschen Modell ging es um Effizienz, um eine Standardisierung der Arbeitsabläufe, was auch mit der Ersetzbarkeit des einzelnen Menschen einhergeht. Durch die vorher planbare Arbeitsleistung eines Menschen, die in Tagesaufgaben zerlegt wurde, konnten Produktivitätsfortschritte erreicht werden. Es ist sicherlich nicht überzogen, heutige Formen des Qualitätsmanagements, sofern sie in der Sozialen Arbeit allein auf Sicherung von Standards, auf eine Fixierung auf das Verhältnis von Einsatz und Ergebnis (Effizienz) abzielen, oder Managementtechniken, die auf diesem Hintergrund agieren, in der Nähe des Taylorismus zu verorten. Gerade im Bereich der Pflege mit den minutiösen Angaben jeder Tätigkeit in der Pflegedokumentation kann eine Wiedererstarkung des Taylorismus belegt werden.

Als gegenläufige Entwicklung wird oft die so genannte Human-Relations-Bewegung genannt, die stärker die sozialen Aspekte am Arbeitplatz hervorhob und mit experimentellen Studien soziale Beziehungen am Arbeitplatz, Gruppenverhalten und Bedürfnisse beschrieb. Während der Manager im tayloristischen Ansatz eher als „Aufpasser" bezeichnet werden kann, kann er im Human-Relations-Ansatz allenfalls als Vermittler zwischen unterschiedlichen Interessen charakterisiert werden. Die Vertreter dieser Schule setzten mit ihren Untersuchungen in den Jahren 1927 bis 1932 wie Taylor auf empirisches Material (vgl. Bonazzi 2008. 49). Als Erfolgsrezepte wurden u.a. folgende Punkte benannt:

- kollegiale Führung;
- informelle Beziehungen wirken sich nicht zwangsläufig positiv auf Arbeitsergebnisse aus (vgl. Bonazzi 2008, 52 ff.).

Generell lassen sich aber die Forschungsergebnisse der Human-Relationsvertreter gerade durch ihre methodischen Mängel charakterisieren (bei der ersten o.g. Untersuchung u.a. änderte sich während der Forschung die Gruppenzusammensetzung, unterschiedliche Messparameter, externe Faktoren wurden nicht angemessen berücksichtigt, die Datenanalyse wurde auf Vorurteile gestützt. Vgl. Bonazzi 2008, 52 f.).

Elton Mayo, als Hauptvertreter dieses Ansatzes, maß dem menschlichen Faktor eine große Bedeutung zu:

> „Weil das Verhältnis zwischen Betrieb und Beschäftigten für Mayo vor allem emotionaler Natur ist und zahlreiche psychologische Faktoren umfasst, ist es nicht übertrieben zu sagen, dass der ideale Betrieb für ihn mehr oder weniger dem Bild einer ‚großen Mutter' entspricht, die Verständnis und menschliche Wärme spendet" (Bonazzi 2008, 59 f.).

Max Weber unterschied neben dem zweckrationalen Typus des sozialen Handelns die Wertrationalität, das affektuelle Handeln und das traditionelle Handeln, so dass auch andere Rationalitäten als die reine Ausrichtung auf den Zweck als Grundlagen für das Handeln (auch) in Organisationen angenommen werden können. Als (theoretische) Idealtypen klassifizierte Weber die charismatische Herrschaft (durch besondere Persönlichkeitseigenschaften), die traditionale Herrschaft (durch Tradition erworbene Würde) und schließlich die legale Herrschaft (Glaube an die Gleichheit vor dem Gesetz). Die für die letztere Form der Herrschaft typische Organisationsform ist die Bürokratie, die durch Kompetenzen, Amtshierarchie, Schriftlichkeit, Fachschulung und hauptberufliche Amtsausübung gekennzeichnet ist. Typischer Vertreter dieser Bürokratie ist der (Verwaltungs-)Beamte (vgl. Bonazzi 2008, 161 ff.).

Auch der vielzitierte Managementkreislauf als Prozess aus Zielsetzung, Planung, Entscheidung, Ausführung und Kontrolle ist ein

Versuch, das komplexe Geschehen der Steuerung und Gestaltung einer Organisation in eine einfache Formel zu bringen. Bei der Suche nach dem richtigen Management werden eine Vielzahl von Abläufen, Fähigkeiten und Kompetenzen benannt, die sich teilweise auch widersprechen. Gerade ein stärkeres systemisches Verständnis von Management weist auf Ungleichzeitigkeiten, Eigendynamiken und begrenzte Steuerbarkeiten hin.

An dieser Stelle soll die Historie nicht weiter ausgefaltet werden, zumal sich Ansätze dieser Richtungen in veränderlichen Formen weiterentwickeln. Auf systemtheoretische, psychologische und soziologische Grundlagentheorien im Zusammenhang mit dem Management soll hier nur hingewiesen werden.

Die neueren Entwicklungen im Management (vgl. Drucker 2005 und 2009 sowie Malik 2006) werden als „empirisches Managementmodell" beschrieben. So sehr es sinnvoll ist, das Management nach Erfahrungen auszurichten, so trügerisch ist doch der Schluss, dass diese Managementmodelle im Sinne einer empirischen Sozialforschung auf Erkenntnissen von fundierten sozialwissenschaftlichen Methoden gründen. Nicht umsonst ist auch bei den durchaus ernst zu nehmenden Protagonisten dieser Managementmodelle von „Managementgurus" die Rede. Das so genannte „Lean Management" ist eine neuere Form des Managements, bei dem es darum geht, Verschwendungen zu vermeiden und die Effizienz innerhalb einer Wertschöpfungskette zu sehen. Dieses Managementmodell, welches in der Automobilindustrie zu einer „schlankeren Produktion" geführt hat und eine konsequente Ausrichtung auf Optimierung aller Prozesse bedeutet, ist bei näherer Betrachtung keine besondere Form eines Managements, da es beim Management zum einen immer um die Gestaltung von Knappheit geht und zum anderen sowohl das Maximalprinzip als auch das Minimalprinzip Grundlagen des Wirtschaftens sind.

Spicker (o.J.) unterscheidet weiter zwischen drei Formen eines Managements im Bereich Sozialer Dienstleistungen. Management wird in einem engeren, auf die Wirtschaft bezogenen Sinne, verstanden.

| | *Professionalität* | *Management* | *Bürokratie* |
|---|---|---|---|
| *Expertise* | Fachkompetenz | Verwaltung | funktional differenzierte administrative Aufgaben |
| *Motivation* | beruflich motiviertes Engagement | persönliche Anreizsysteme | öffentlicher Dienst |
| *Verantwortlichkeit* | professionelle Standards | Leistungskriterien | Verantwortung gegenüber dem Vorgesetzten |
| *Entscheidung* | Diskretion | quasi autonom | regelbasiert |

*Abbildung 2: Managementformen (vgl. Spicker o.J.)*

Auf das benannte Defizit der mangelnden empirischen Absicherung richten Pfeffer und Sutton (2006) ihr Augenmerk, indem sie ein „evidence based management" entwickeln, ein auf Fakten basiertes Management. Sie ziehen dazu empirische Studien zu Rate. Die Orientierung an Fakten kommt ursprünglich aus der Medizin (evidence based medicine) und bedeutet eine Orientierung an wissenschaftlichen (vor allem quantitativen) Studien. Zuweilen ist auch von einer „evidence based social work" die Rede, welche vielfach in der Diskussion steht, zumindest wenn sie dazu führt, dass eine Standardisierung zu weit getrieben wird oder nur noch Verfahren und Methoden genutzt werden, die fernab von individuellen Bedarfen als wirksam beschrieben wurden. In Bezug auf das Management beschreiben Pfeffer und Sutton sehr deutlich: „If doctors practiced medicine the way many companies practice management, there would be far more sick and dead patients, and many more doctors would be in jail" (2006, 5). Sie entlarven sodann Hindernisse, Halbwahrheiten und Irrtümer („total nonsense") im Bereich des Managements. U.a. kommen die Autoren zum Schluss, dass prinzipiell am Arbeitsplatz auch Regeln gelten sollten, die in anderen Lebensbereichen wichtig sind, dass oftmals großartige Systeme wichtiger sind als großartige Talente, finanzielle Anreize zu Fehlentwicklungen führen können, zu viel in Strategien gedacht wird, während andere Fakten wie die Position in der richtigen Branche wichtiger seien. Auch sei das Credo der ständigen Veränderung ebenso zu hinterfragen wie der Mythos, Führungskräfte hätten ihr Unternehmen „im Griff" (vgl. Pfeffer und Sutton 2006, vgl. Schneider 2009, 273 ff.).

Faktenbasiertes Management vor diesem Hintergrund meint:

- „Die eigene Organisation als unfertigen Prototyp behandeln.
- Nicht prahlen, sondern nur Fakten zählen.
- Das Offensichtliche und Banale meistern.
- Sich selbst und die eigene Organisation sehen, wie es Außenstehende tun.
- Macht, Prestige und Erfolg machen starrköpfig, dumm und resistent gegen gültige Fakten.
- Faktenbasiertes Management ist nicht allein für obere Führungskräfte von Bedeutung.
- Wie alles andere auch, geht es auch hier darum, zu verkaufen.
- Wenn alles andere scheitert, dann sollte zumindest die Ausweitung schlechter Praktiken eingedämmt werden.
- Die beste Frage zur Diagnose: Was passiert, wenn Menschen scheitern?" (Schneider 2009, 276 in Anlehnung an Pfeffer und Sutton 2006).

Beim faktenbasierten Management geht es um eine Bescheidenheit, die Anerkennung einer begrenzten Machbarkeit und eine Orientierung an nachvollziehbaren Fakten und weniger um die Umsetzung von Rezepten. Brodbeck nennt als schlechte Alternativen zu einem solchen faktenbasierten Management das eminenzbasierte Management, bei dem es darum geht, dass gerade erfahrene Manager dazu neigen, mit zunehmender Zuversicht, Fehler zu wiederholen, das vehemenzbasierte Management, bei dem Lautstärke Fakten übertüncht und schließlich das eloquenzbasierte Management, bei dem Fakten durch Eleganz und Rhetorik ersetzt werden (vgl. Brodbeck 2008, 9).

## 3.3 Handlungsorientierte Überzeugungen

Unter den handlungsorientierten Managementmodellen sind eher rezeptartige Praktikerideen zu subsumieren, wie sie zum Beispiel durch ein „Management by objectives“ oder „Management by walking around“ bezeichnet werden. Obwohl von Managementprinzipien die Rede ist, handelt es sich meist um Konzepte der Führung. Nette karikiert die Moden der Managementmodelle:

> „Die Halbwertzeiten der Managementkonzepte werden immer kürzer; so grassiert als Persiflage auf eine Praxis, die Konzepte so schnell fallen lässt, wie sie sich neuen Verheißungen zuwendet, die Redewendung des ‚Management by heiße Kartoffel‘“ (Nette 2006, 49).

Auch Malik schließt von einer Idealisierung der Managementidee auf die pragmatische Aussage: „Nicht: *Was ist eine* ideale *Führungskraft?* sollte gefragt werden, sondern: *Was ist eine* wirksame *Führungskraft?*“ (Malik 2006, 36). Wobei sich auch an dieser Stelle die Frage nach der Wirksamkeit stellt, die nicht minder spannend ist und die Frage impliziert, für wen in welcher zeitlichen Dimension die Wirksamkeit ein Kriterium darstellt, dessen Messung auch keineswegs klar zu definieren ist.

Ob und wie die nachfolgend genannten (meist selbst erklärenden) handlungsorientierten Modelle jeweils wirksam sind, entzieht sich in den meisten Fällen einer empirischen Überprüfung. Management kann demnach betrieben werden als Management by ...

- ... delegation
- ... objectives
- ... exceptions
- ... results
- ... motivation
- ... participation
- ... walking around
- ... systems
- ... love

Führt man sich die jeweiligen Modelle vor Augen, haben diese wie beispielsweise das Management by exceptions jeweils Vor- und Nachteile. Hier geht es beim Management im Ausnahmefall darum, dass Führung nur bei besonderen Ausnahmen erfolgt, was zum einen aus Mitarbeitersicht diesen eine gewisse „Ruhe“ verschafft, d.h. auch eine Eigenverantwortlichkeit ermöglicht, aber je nach Führungskraft auch dazu führen kann, dass die „Alarmglocken angehen“ sobald die Führungskraft erscheint, da diese sich nur dann äußert, wenn etwas Ungewöhnliches passiert, dies kann zu einer ängstlichen Fixierung führen. Eine wirkungsorientierte Steuerung, wie sie im Rahmen der „evidence based social work“ gefordert wird, ist ebenfalls eine der handlungsorientierten Überzeugungen. Es geht dabei um die Steuerung sowohl auf politischer Ebene als auch auf der Ebene von Organisationen in der Praxis und schließlich um die Anforderung an die Forschung, steuerungsrelevantes Wissen bereitzustellen (vgl. Otto 2007, 3).

## 3.4 Weiterführende Literatur

Bonazzi, Giuseppe 2008: Geschichte des organisatorischen Denkens, Wiesbaden

Malik, Fredmund 2006: Führen Leisten Leben. Wirksames Management für eine neue Zeit, Frankfurt/New York

Pfeffer, Jeffrey/Sutton, Robert I. 2006: Hard facts, dangerous half truths and total nonsens. Profiting from Evidence-Based-Management, Boston

## 3.5 Fragen zu Kapitel 3

- Wie neutral oder wie abhängig von Menschenbildern sind Managementmethoden?
- Was war der Fortschritt des so genannten Taylorismus und an welchen Stellen ist er kritisch zu sehen?
- Von welchen Fakten geht ein „evidence based management“ aus?
- Nennen Sie Vor- und Nachteile verschiedener handlungsorientierter Managementüberzeugungen!

4

# 4. Soziales: Gegenstand des Managens

Kann das Management Sozialer Arbeit generell unter Non-Profit-Management oder unter dem Management des „Dritten Sektor" subsumiert werden? Organisationen Sozialer Arbeit haben zwar viele Merkmale, die denen von Non-Profit-Organisationen entsprechen, bewegen sich jedoch auch in Kategorien der For-Profit-Organisationen. Auch ist die eigene Existenzgründung in die Selbständigkeit nicht mehr länger eine Domäne im Bereich der gesetzlichen Betreuung, sondern ist in Feldern der Kinder und Jugendhilfe, in der Altenberatung und vielen andern Bereichen erfolgreich möglich. Schließlich fällt es schwer, die Soziale Arbeit mit ihrer Zielsetzung in allen Kategorien mit kirchlichen Hilfswerken, Nichtregierungsorganisationen wie amnesty international oder Greenpeace zusammen zu betrachten. Etwas weiter geht die Definition des Freiburger Nonprofit-Management-Modells. Darunter fallen auch staatliche (z.B. öffentliche Verwaltungen), halbstaatliche (z.B. Sozialversicherungen) und private Nonprofitorganisationen (z.B. Wirtschaftsverbände, Kirchen, Parteien, Hilfsorganisationen).

> „Der von uns verwendete Begriff ‚Nonprofit' umfasst – wie dargestellt – jene Organisationen, deren oberster Zweck die Bedarfsdeckung bzw. der Förderungsgedanke ist und nicht – wie bei Unternehmungen – die Gewinnerzielung. In diesem Sinne bedeutet ‚Nonprofit' auch konsequente ‚Nutzer-Orientierung'" (Schwarz u.a. 2002, 22).

Unterschieden wird zwischen einer Eigenleistungs-NPO und einer Drittleistungs-NPO (vgl. Schwarz u.a. 2002, 23).

Schließlich ist eine Subsumierung im Bereich des Dritten Sektors aus ähnlichen Gründen nicht trennscharf. Soziale Arbeit hat, auch in ihrer Geschichte, verschiedene Bezüge, Trägerschaften und Anbindungen an gesellschaftliche Bereiche. Teilweise findet Soziale Arbeit als staatliches Handeln statt, teilweise auch im Bereich der Wirtschaft. Wenn von den freikommerziellen Anbietern abgesehen wird, so ist auch in Wirtschaftsunternehmen Soziale Arbeit anzutreffen, als Betriebliche Sozialarbeit oder Gesundheitsvorsorge und trägt damit auch zur Wertschöpfung und zum Gewinn von Unternehmen bei. Der Dritte Sektor als intermediärer Bereich zwischen Markt und Staat hatte in den Anfängen der Sozialen Arbeit eine hohe Bedeutung gehabt und es ist anzunehmen, dass diesem in Zukunft ein hoher Stellenwert beizumessen ist, wenngleich gerade hier eine deutliche Abgrenzung zwischen professionellem Handeln und freiwilliger Arbeit nicht nur von Seiten der Profession erforderlich ist.

Während vor einigen Jahren die Frage bestimmend war, warum überhaupt Management in die Soziale Arbeit Einzug halten soll, so wird heute weniger nach dem Warum gefragt, sondern eher nach den Methoden, wie ein solches Management betrieben werden soll. Dennoch lohnt ein Blick auf die Diskussionen, die am Anfang des Sozialmanagements oder des Managements sozialer Einrichtungen standen, um zum einen das Selbstverständnis von Management in seinen verschiedenen Facetten zu verstehen, und zum anderen verschiedene „Traditionen" aufzuzeigen.

Management, gleichwohl ein nicht eindeutig definierter Begriff, ist immer dort notwendig, wo es um begrenzte Ressourcen geht, wo Knappheit herrscht. Wenn die Mittel im kommunalen Haushalt nicht ausreichen, in jedem Stadtteil ein Jugendzentrum zu errichten, muss eine Entscheidung getroffen werden, wie die knappen Mittel verwendet und ggf. aufgeteilt werden. Innerhalb einer Organisation ist die Anzahl der Mitarbeiterinnen und Mitarbeiter begrenzt, so dass Aufgaben verteilt werden müssen und früher oder später muss definiert werden, welche Aufgaben mit welch einer Intensität betrieben werden und welche nicht wahrgenommen werden. Auf der Ebene der Mitarbeitenden müssen täglich auf Grund der begrenzten Arbeitszeiten „Managemententscheidungen" getroffen werden: Eine Bewährungshelferin muss entscheiden, für welchen Probanden sie welche Zeit einsetzen kann, ein Sozialarbeiter beim städtischen Jugendamt muss Prioritäten in seinen Arbeiten setzen.

All diese Beispiele sind nicht neu, sondern sie sind in der Sozialen Arbeit immer von Bedeutung gewesen. Neu ist, dass Kriterien des wirtschaftlichen Handelns explizit kommuniziert werden, dass Arbeitende im Sozialen Sektor nicht mehr „als an sich gut arbeitend" angesehen werden, sondern sich stärker als je zuvor rechtfertigen müssen. Neu ist auch, dass Mittel nach Kriterien der Effizienz und Effektivität an einzelne Anbieter vergeben werden, dass es mehr Wettbewerb gibt und sich Nutzer Sozialer Arbeit stärker als je zuvor als Kundinnen und Kunden verhalten, Ansprüche stellen, Ergebnisse haben wollen, Angebote vergleichen und Kostentransparenz verlangen. Auf Seiten der Kostenträger (hier im Sinne der Finanzgeber, also z.B. Europa, Bund, Länder, Kommunen, Sozialversicherungsträger, ...) spielen weniger gute Beziehungen als vielmehr transparente Angebote, Kostenstrukturen und Leistungen eine Rolle. Kommunen beispielsweise denken und entscheiden nach dem „Output" einer Maßnahme und eines Angebotes, weniger danach, was an „Input" erfolgt ist. Auf die Hilfe zur Erziehung hin angewandt heißt dies, darauf zu achten, welche Ergebnisse erzielt werden, und weniger, dass eine Bewertung danach erfolgt, wie viele Investitionen erfolgt sind.

Woher kommen diese Entwicklungen? Es wäre zu verkürzt dies nur dem staatlichen Handeln oder einer zu starken Ökonomisierung zuzuschreiben, obgleich solche Tendenzen nachgewiesen werden können, bis in die Gesetzgebung hinein. Weitere Einflussgrößen sind Entwicklungen innerhalb der Sozialen Arbeit, die dort immer wieder gestellte Frage nach der Vergleichbarkeit, der fachlichen Standards, der Steuerung von Organisationen. Schließlich kommt die Frage nach dem Management in der Sozialen Arbeit auch von der öffentlichen Diskussion um Soziale Arbeit, ihre Kosten und Ergebnisse.

Derzeit scheint die Debatte über das Management sozialer Einrichtungen sehr stark im Vordergrund zu stehen, dazu folgende Thesen:

1. In der Vergangenheit war das Management in Einrichtungen Sozialer Arbeit wenig transparent. Solange es ein sicheres Umfeld mit klaren Regelungen und einer Aufteilung zwischen freien und öffentlichen Trägern gab, gab es keine Frage nach der „Innenpolitik" der jeweiligen Häuser. In Zeiten, in denen Kosten in einem Markt an Bedeutung gewinnen, wird von außen eine Optimierung des Managements verlangt und von innen darauf geachtet, Prozesse und Strukturen zu optimieren.
2. Management wurde immer betrieben, war jedoch weit entfernt von der operativen Ebene des Handelns der Professionellen. Für die Ressourcen und das Geld waren andere zuständig, nicht die Sozialarbeiterin oder der Sozialpädagoge.
3. Die Überzeugung, dass mehr Soziale Arbeit besser sei als weniger Soziale Arbeit und der einzelne Professionelle nicht der Leitung, Steuerung oder gar der Kontrolle bedarf, wurde zwar explizit nicht genannt, scheint aber der Hintergrund vieler Entscheidungen und Entwicklungen gewesen zu sein (z.B. zur Problemlösung wurden Sozialarbeiter eingestellt, eine Leitung oder Steuerung wurde nicht vorgesehen). Heute wird in der Sozialen Arbeit nüchterner gedacht und es kommt eher der Verdacht auf, dass auf Seiten der Betriebswirtschaft eine Ideologie der Machbarkeit, des Wachstums und der Messbarkeit aller Dinge des Lebens vorherrscht.
4. In Zeiten einer zunehmenden Ökonomisierung aller Lebensbereiche, wird auch der Sozialen Arbeit die ökonomische Frage gestellt, die sie jedoch aus ihrer eigenen Profession heraus beantworten muss.
5. Im Management (auch im Bereich der Wirtschaft) werden zunehmend Organisationen als soziale Systeme verstanden, die nur bedingt steuerbar sind. Mechanistische Vorstellungen von Organisationen sind zumindest in der Theorie des Managements auf dem Rückzug, daher können Erkenntnisse sowohl aus der

Betriebswirtschaft als auch aus den Sozialwissenschaften sich gegenseitig befruchten.

Management in Feldern der Sozialen Arbeit kann aufgrund unterschiedlicher Traditionen sowohl als Sozialmanagement, Management sozialer Einrichtungen, als besondere Form des „sozialen" Managements wie auch als Übertragung des in Wirtschaft und Industrie erprobten Managements auf den sozialen Sektor verstanden werden. Für alle Traditionen lassen sich in der Literatur und in der Praxis Beispiele finden.

Unter den unterschiedlichen Perspektiven und Feldern des Managements sind in letzter Zeit unter den veränderten Rahmenbedingungen vor allem die Frage der ökonomischen Steuerung (bis hin zur Steuerung sozialer Einrichtungen über Kennzahlensysteme) sowie die Reflexion von Erfordernissen der Außenbeziehungen sozialer Organisationen von besonderer Bedeutung (vgl. Merchel 2005a, 842).

Wöhrle sieht den Stand der Diskussion im Bereich des Sozialmanagements derzeit als Platzhalter: „... Platzhalter einerseits für alle problematischen Auswirkungen der Ökonomisierung des sozialen Sektors, andererseits als solcher für Erwartungen an ein effektiveres Leistungserbringen und Wirtschaften im Sozialbereich" (Wöhrle 2007, 105).

## 4.1 Das Selbstverständnis Sozialer Arbeit

Soziale Arbeit hat es mit dem Verhältnis, dem Eingebundensein und der Verwobenheit zwischen Individuum, Organisationen und Gesellschaft zu tun. Sie orientiert sich an Werten der Menschenrechte und der Sozialen Gerechtigkeit. Die International Federation of Social Workers und die International Association of Schools of Social Work definieren Soziale Arbeit wie folgt: „The social work profession promotes social change, problem solving in human relationships and the empowerment and liberation of people to enhance wellbeing. Utilising theories of human behaviour and social systems, social work intervenes at the points where people interact with their environments. Principles of human rights and social justice are fundamental to social work" (IFSW 2009).

Staub-Bernasconi spricht von Sozialer Arbeit als der Menschenrechtsprofession (vgl. u.a. 2007a und b). Eine Definition Sozialer Arbeit als Profession der Hilfe scheint zu knapp gehalten, vernachlässigt sie doch die aktive Sorge um Prävention u.a. auch auf den Ebenen der Organisation und der Gesellschaft. Schrödter definiert Soziale Arbeit als Gerechtigkeitsprofession: „Soziale Arbeit versucht nicht nur den Einzelnen in die Gesellschaft zu reintegrieren, sondern versucht auch immer die sozialen Verhältnisse selbst zu verändern, die die Exklusion marginalisierter Bevölkerungsgruppen überhaupt erst erzeugt. Damit ist das therapeutische und das politische Moment Sozialer Arbeit thematisch“ (Schrödter 2007, 6). „Soziale Arbeit als soziale Institution ist beauftragt mit der Herstellung sozialer Gerechtigkeit“ (a.a.O., 9). Engelke u.a. (vgl. 2009, 269) bringen den Gegenstand Sozialer Arbeit auf die Kurzformel „Verhindern und Bewältigen sozialer Probleme“.

Weiter gefasst ist die Definition von Kaminsky, die sich an der Notwendigkeit der „sozialen Existenz“ des Menschen orientiert. Soziale Arbeit ist demnach überall dort zuständig, wo die soziale Existenz des Menschen gefährdet ist. An den Werten Selbständigkeit, Teilhabe und Existenzsicherheit müsse sich Soziale Arbeit orientieren und im Handeln dafür sorgen, dass Menschen Autonomie haben, sie den Menschen Wohlwollen gegenüber habe, ihren Adressaten nicht schaden dürfe, sie solidarisch mit den Menschen (gegenüber den Interessen Dritter) arbeite und gerecht und effektiv mit ihren Ressourcen umgehe (vgl. Kaminsky 2008).

## 4.2 Besonderheiten Sozialer Arbeit

Soziale Arbeit erwirtschaftet keine Waren im Sinne von begreifbaren Gegenständen (Tangibilität), sondern Dienstleistungen. Solche haben per se eigene Eigenschaften und Dimensionen. Eine wichtige Eigenschaft ist, dass eine Dienstleistung in dem Moment, in dem sie produziert wird, auch konsumiert wird (uno-actu-Prinzip) und daher nicht lagerfähig ist. Am Beispiel eines Beratungsgespräches in einer Erziehungsberatungsstelle wird dies erkennbar: Zwar halten die dortigen Fachkräfte Methoden, Räumlichkeiten, Fachkompetenz vor, zu einer Dienstleistung Beratung kommt es jedoch erst, wenn ein Ratsuchender da ist. Weiter wird an diesem Beispiel deutlich, dass zur Produktion dieser Erziehungsberatung die Mitwirkung des Ratsuchenden erforderlich ist. Schildert dieser nicht seine Problemlage oder kommt er nicht zu einem Beratungstermin, kann keine Beratung erfolgen. Aufgrund dieser Mitwirkung wird zuweilen im Zusammenhang mit einer Dienstleistung auch nicht von einem Konsumenten, sondern einem Prosumenten (als Kunstwort und Kombination aus Produzenten und Konsumenten) gesprochen (vgl. zu Begriffsgeschichte: Finis Siegler 2009, 44).

Im Gegensatz zu einem Sachgut ist eine Dienstleistung gekennzeichnet durch Eigenschaften wie die der Immaterialität, der subjektiven Wahrnehmung. Dienstleistungen sind vor dem Verkauf weder zeig- noch prüfbar, sie können nicht den Besitzer wechseln oder weiterverkauft werden, weder transportiert, noch gespeichert werden. Der Käufer muss sich an der Leistungserstellung beteiligen, die Dienstleistung entwickelt sich im Verlauf der Herstellung (uno-actu-Prinzip), ebenso erfolgen Produktion und Marketing gleichzeitig. Schließlich lassen sich Quantität und Qualität nur schwer erfassen (vgl. Schwarz u.a. 2002, 55). Im Blick auf die Organisationen und Betriebe Sozialer Arbeit nennt Herzka (vgl. 2009, 28) folgende Unterscheidungsmerkmale:

- die Arbeit in zwei Märkten (unterstützungsbedürftige Menschen und Finanzierer)
- anspruchsvolle Kunden mit diffusen Erwartungen, Leistungsbezug nicht immer freiwillig
- Experten als Geschäftsführer, oft ehrenamtlich agierende übergeordnete Aufsichts und Vorstandspersonen
- Legitimation der Organisationen durch Not, Ungerechtigkeit und Leiden
- Non-Profit-Organisationen zur Erfüllung eines gesellschaftlichen Auftrages
- kostenbewusstes und wirkungsvolles Arbeiten.

## 4.3 Soziale Arbeit als produktiver Wirtschaftssektor

Vielfach wird argumentiert, der Soziale Bereich sei davon abhängig, was der Bereich der Ökonomie „erwirtschafte“, es könne nur verteilt werden, was erwirtschaftet werde. Die derzeitige Hauptfinanzquelle der Sozialen Arbeit, die Steuern und Sozialabgaben unterstützen diese Argumentation, sind doch Steuern und Sozialabgaben davon abhängig, was Arbeitnehmer und Arbeitgeber an wirtschaftlichem Erfolg erreicht haben. Auch zeigen Kürzungen im Bereich Sozialer Arbeit in wirtschaftlichen Krisenzeiten Ähnliches. Soziale Arbeit wird definiert als „verlorener Zuschuss" oder als Subvention. Selbst in einer nur auf den Betrieb ausgerichteten betriebswirtschaftlichen Sicht ist eine solche Betrachtungsweise nicht nur verkürzt, sondern auch riskant. Verkürzt, weil sie den Wert der sozialen Beziehungen und Leistungen in einem Betrieb unterschätzt, riskant, da sie dazu führt, den Menschen nur noch als ausbeutbaren und austauschbaren Produktionsfaktor zu sehen.

Mit wirtschaftlichen Argumenten versucht der Ansatz des „Social return on investment" darzustellen, dass es sich bei sozialen Aktivitäten um messbare und bewertbare Investitionen handelt. Dieser Ansatz wurde im Roberts Enterprise Development Fund (RDF), einer Stiftung zur Investition in soziale Organisationen, entwickelt. Es geht diesem Rechenmodell vor allem um

- Öffentlichkeitsarbeit, u.a. werden qualitative Hintergrundinformationen glaubhaft und vergleichbar dargestellt.
- Bessere Entscheidungen: Monetarisierte Kennziffern erleichtern Entscheidungen über Strategien, um den sozialen Mehrwert zu erreichen.
- Konzentration auf das Wesentliche.
- Investitionsmentalität: Jede Zuwendung wird als Investition verstanden, um Werte zu schaffen.
- Führungstransparenz (vgl. SROI 2009).

Als Grundprinzipien werden genannt: Praktikabilität, leichte Zugänglichkeit, Konsequenz, Wiederholbarkeit, Transparenz, Glaubhaftigkeit, Integration, Vermeidung von Missbrauch, offener Zugang und Nützlichkeit (vgl. SROI 2009). Eine Umsetzung des SROI in Form einer Berechnung von Wertschöpfung hat Schellberg (vgl. 2009) unternommen. Dabei werden folgende Berechnungen unterschieden: „Individuelle Transferanalyse (SROI 1), Institutionelle Transferanalyse (SROI 2), SROI unter Berücksichtigung von Alternativkosten und

-erträgen (SROI 3), Regionalökonomischer SROI (SROI 4), Soziale Wertschöpfung/Lebensqualität (SROI 5)".

Dabei geht es in den ersten beiden Berechnungsmodellen um einen Input seitens öffentlicher Zuschüsse und den Output in Form von Lohnkosten und Sozialversicherungsbeiträgen, beim SROI um eine Berechnung von Alternativen zu der Einrichtung bzw. dem Angebot Sozialer Arbeit, beim SROI 4 um die Auswirkungen auf die regionale Wirtschaft. Umfangreicher ist der Versuch, Indikatoren für eine soziale Wertschöpfung und/oder Lebensqualität zu finden (SROI 5).

Im Blick sind die sozialen und ökologischen Werte nicht nur von sozialen, sondern auch von kommerziellen Unternehmen, die vor allem für Investoren sichtbar gemacht werden sollen. Ein solcher Ansatz ist in weiten Teilen auch mit Ratingansätzen vergleichbar, die sich um sozial, ökologisch oder ethisch sinnvolle Geldanlagen mühen.

Der SROI hat aber deutliche Grenzen auch ethischer Art. Eine Soziale Arbeit am Lebensende ist im Sinne der Menschenwürde wichtig, aber nur sehr schwierg und nur mittelbar in einen SROI zu fassen.

Grundsätzlich unterscheidet Spicker (o.J.) fünf Felder, in denen soziale Leistungen angeboten werden:

- öffentlicher Sektor (Bereitstellung durch den Staat),
- private Bereitstellung (für Gewinn von kommerziellen Organisationen oder Einzelpersonen),
- Freiwilligkeit (Bereitstellung auf Non-Profit-Basis),
- gegenseitige Hilfe (Bereitstellung durch Solidarität, Genossenschaften) und
- informeller Bereich (Bereitstellung von Freunden, Nachbarn und Familien).

Jeder dieser Bereiche hat seine eigene Logik und seine Vor- und Nachteile (vgl. Spicker o.J.).

| *Bereich* | *Vorteil* | *Nachteil* |
|---|---|---|
| *Öffentlicher Sektor* | allgemeine Standards<br>soziale Kontrolle wirtschaftlicher (z.B. sind nationale Gesundheitssysteme billiger als viele liberale Systeme)<br>soziales Netz, das andere nicht bieten können | wirtschaftliche Effizienz, keine Anreize zur Kostensenkung<br>Klientismus: Patronage und Korruption sind möglich<br>Paternalismus: Bevormundung durch den Staat, Eigenverantwortung wird verhindert |
| *Privater Sektor* | Auswahl ist möglich, Steuerung eher durch den Konsumenten als durch den Professionellen<br>effizientere Dienste zu niedrigeren Kosten<br>Kostenbewusstsein wird gefördert | Marktversagen (z.B. durch Monopole)<br>Ausgrenzung (schlechter Risiken)<br>Märkte reagieren auf individuelle Präferenzen, soziale Bedürfnisse können aber andere sein |
| *Gegenseitige Hilfe* | freiwillige kollektive Leistungen von Betroffenen (z.B. Genossenschaften, Selbsthilfegruppen, Gewerkschaften). Leistung und Gegenleistung, Prinzip der Gegenseitigkeit | Ausschluss durch Bedingung der Mitgliedschaft, keine umfassendere Solidarität |
| *Freiwilliger/ Gemeinnütziger Sektor* | direkte Dienstleistung<br>vorhandene Freiwilligenorganisation<br>Partizipation oder Selbsthilfe<br>öffentliche Leistungen<br>Pressure-Group-Aktivitäten | nur Ergänzung zu staatlichen Leistungen, keine Rechtsansprüche, Ausschluss von verschiedenen Risiken möglich |
| *Informeller Sektor* | Privatisierung, Entlastung von Institutionen<br>Sozialraumaktivitäten<br>umfassende Hilfe persönlicher, emotionaler Bezug | Belastung meist der Frauen, wirtschaftliche und soziale Kosten werden nicht erkennbar<br>Dienstleistung wird nicht überprüft und entspricht keinen Standards |

*Abbildung 3: Angebotsformen sozialer Dienstleistungen (vgl. Spicker o.J.)*

Werden die einzelnen Bereiche genauer analysiert, werden unterschiedliche rechtliche Konstrukte mit ganz verschiedenen Steuerungsinstrumenten erkennbar. Auch der Faktor Geld hat eine jeweils eigene hervortretende Funktion:

| | *Rechtliche Konstruktion (Bsp.)* | *Steuerung durch ...* | *Funktion des Faktors Geld* |
|---|---|---|---|
| *öffentlicher Sektor* | Körperschaften | Politik | Kosten der Steuerzahler |
| *privater Sektor* | GmbH | finanzieller Gewinn | Gewinn für Eigentümer und Existenzgrundlage |
| *gegenseitige Hilfe* | Genossenschaften | gegenseitiger Nutzen | Tauschmittel |
| *freiwilliger/ gemeinnütziger Sektor* | Vereine | Zweckverwirklichung | Mittel zur Liquidität und zum Tausch |
| *informeller Sektor* | private Haushalte | emotionale Bindungen | Honorierung |

*Abbildung 4: Auswirkungen und Bedingungen verschiedener rechtlicher Konstruktionen*

Hier wird erkennbar, dass gerade die Vielfalt der Organisation im Bereich der Sozialen Arbeit Vorteile hat und dass eine Privatisierung Folgen hat ebenso wie eine Verstaatlichung. Dessen eingedenk können in der Sozialen Arbeit sowohl Prozesse der Privatisierung als auch gegenläufige Prozesse der Deprivatisierung oder „Verstaatlichung" beobachtet werden, wenn z.B. der Staat sich stärker um die Erziehung der Kinder kümmert im Bereich der Kinderbetreuung oder aber durch staatliche Finanzmittel bestimmte Bereiche fördert.

## 4.4 Sozialwirtschaft

Die Bezeichnung Sozialwirtschaft wird von Wendt (vgl. 2007) verwendet, um den eigenen Sektor Sozialer Arbeit zu kennzeichnen. Backhaus-Maul sieht im Begriff der Sozialwirtschaft einen Begriff, der geeignet ist „darüber hinwegzutäuschen, dass wir es unter der Prämisse des Sozialstaates in Deutschland nach wie vor mit einer öffentlichen sozialen Daseinsvorsorge zu tun haben, die Staat und Kommunen rechtsverbindlich zu gewährleisten haben, während die konkrete Leistungserbringung freien Anbietern, insbesondere freigemeinnützigen Wohlfahrtsverbänden obliegt" (2009, 62). Allgemein definiert Bader: „Sozialwirtschaft ist eine Ökonomie des Haushaltens im sozialen Bereich. Ihr Gegenstand ist die Betrachtung und Gestaltung der Versorgung, der Fürsorge, der Lebensqualität und wie die Mittel dafür eingesetzt und genutzt werden [...] Sozial wirtschaften heißt gesellschaftlich verantwortlich wirtschaften. Kriterium ist nicht die Zahlungskraft, sondern was gebraucht wird" (2005, 173). Der Begriff etabliert sich in dem Bestreben, die Besonderheiten Sozialer Arbeit zu beschreiben und die wirtschaftliche Dimension über die Organisation hinaus herauszuarbeiten.

Wendt stellt den Begriff von seiner Historie, seiner Weite und vom europäischen Kontext her dar und verweist auf die bisherige Engführung: „Im Gegensatz zu den Theorieansätzen in der Sozialwirtschaft ist das Sozialmanagement bisher durchweg mikrotheoretisch behandelt worden. Es bedarf aber einer makrotheoretischen Begründung, wenn es den Ansprüchen eines „Management des Sozialen" entsprechen soll" (Wendt 2007, 24).

Sozialwirtschaftliche Theorieansätze sind nach Wendt (vgl. 2007, 23):

- wohlfahrtsbezogen: es geht um die Deckung eines Bedarfes an Wohlfahrt
- solidaritätsbasiert: solidargemeinschaftliches Handeln
- gemeinwesenbasiert: dem Gemeinwesen angemessenes Wirtschaften
- sorgebasiert: persönliches und personenbezogenes Handeln für voneinander abhängigen Menschen.

Wurzeln des Sozialwirtschaftsbegriffes sieht Wendt in Frankreich (économie sociale), der etwa 1830 auftaucht, in der deutschen Genossenschaftsbewegung des 19. Jahrhunderts und der gewerkschaftlich begründeten Gemeinwirtschaft (vgl. Wendt 2007, 29 ff.). In Frankreich treten die Organisationen der so verstandenen Sozialwirtschaft in vier Arten von Organisationen auf, die auf europäischer Ebene vertreten sind (Conférence Européenne Permanente des Coopératives, Mutualités, Associations et Foundations [CEPCMAF]): „Kooperative Aktivitäten (in Genossenschaften), assoziative Aktivitäten (von Vereinen, mutualistischen Aktivitäten (von Vereinigungen auf Gegenseitigkeit), Aktivitäten von Stiftungen und Sozialunternehmen“ (Wendt 2007, 33).

Konzepte einer Sozialwirtschaft müssten dementsprechend auch die Besonderheiten dieses Sektors berücksichtigen und als ihren Bestandteil ansehen (vgl. a.a.O., 39). Beiträge zu einer Theoriebildung der Sozialwirtschaft kommen aus der politischen Ökonomie, der Non-Profit-Ökonomie, dem ökosozialen Ansatz sowie der feministischen Ökonomie, deren Leitkategorien seien Wohlfahrt, not for profit, Haushalten und Sorge zu nennen (vgl. Wendt 2007, 44 f.).

Ansätze der Neubewertung von Familien, Haushalts und Erziehungsarbeit sind auch in Schriften der Katholischen Soziallehre (vgl. u.a. Nell-Breuning 1987) zu finden.

Als weiteres Argument für den weiteren Begriff der Sozialwirtschaft lässt sich die Selbstdefinition der Verbände in diesem Bereich heranführen, wenngleich diese Begrifflichkeit hier wieder enger geführt wird: „Die Wohlfahrtsverbände sind inzwischen in der Sozialwirtschaft angekommen. Dennoch ist dieser Prozess noch nicht abgeschlossen, da die Übernahme betriebswirtschaftlicher Instrumente in Teilen erfolgt (Controlling, Qualitätsmanagement, Doppik), andere Instrumente aber noch wenig genutzt werden (z.B. strategische Steuerung, Risikomanagement, Personalentwicklung, Marketing). Auch hat sich das betriebswirtschaftliche Denken noch nicht in allen Einrichtungen durchgesetzt. Dies ist aber eine Vorraussetzung dafür, dass die Wohlfahrtsverbände im Wettbewerb bestehen können“ (Liga 2007, 8). Auf die Notwendigkeit einer Sozialökonomie als eine eigene und vor allem andere Form des Wirtschaftens, auf die Vision einer Solidarökonomie weist Elsen (vgl. u.a. 2009, vertiefend in Kapitel 11.1) hin.

## 4.5 Weiterführende Literatur

Finis Siegler, Beate 2009: Ökonomik Sozialer Arbeit, 2. überarbeitete und erweiterte Auflage, Freiburg

Staub-Bernasconi, Silvia 2007a: Soziale Arbeit als Handlungswissenschaft : systemtheoretische Grundlagen und professionelle Praxis. Ein Lehrbuch, Bern

Wendt, Wolf Rainer/Wöhrle, Armin 2007: Sozialwirtschaft und Sozialmanagement in der Entwicklung ihrer Theorie, Augsburg

## 4.6 Fragen zu Kapitel 4

- Was ist Soziale Arbeit und was ist deren Besonderheit bei der Leitung und Steuerung?
- Was sind die Gründe einer Skepsis gegenüber dem Management in sozialen Einrichtungen?
- Was kennzeichnet Soziale Arbeit als Dienstleistung?
- Wie kann Soziale Arbeit als produktive Dienstleistung dargestellt und berechnet werden?
- Welche Vor- und Nachteile haben verschiedene Organisationsformen Sozialer Arbeit?
- Nennen Sie die wesentlichen Hintergründe des Ansatzes der Sozialwirtschaft!

5

# 5. Ideen: Praxiskonzepte des Managens sozialer Organisationen

Die Besonderheiten des Managements Sozialer Arbeit zeigen sich unter anderem in der Zielsetzung auf die Bedürfnisse und Bedarfe hin, aber auch in der besonderen Verfasstheit der Sozialen Arbeit, in ihren vielfältigen Strukturen. Dass gerade Organisationen der Sozialen Arbeit eines wirksamen Managements bedürfen, beschreibt Drucker (2009, 24 f.): „Jahrelang befanden sich die Gemeinnützigen im Glauben, dass gute Intentionen an sich ausreichten. Aber heute wissen wir, dass gerade weil wir unterm Strich nichts haben müssen, wir besser als gewinnorientierte Unternehmen wirtschaften müssen“. Zur Selbsteinschätzung von gemeinnützigen Organisationen nennt Drucker (a.a.O., 25) fünf grundlegende Fragen: „Was ist unsere Mission? Wer ist unser Kunde? Worauf legt der Kunde Wert? Was sind unsere Ergebnisse? und Was ist unser Plan?“. Gerade der Kundenbegriff ist in der Sozialen Arbeit zumindest schillernd. Drucker sieht diese Schwierigkeit und beschreibt Haupt- und Nebenkunden. Der Kunde ist jemand, „der Ihre Dienstleistungen schätzt, der das will, was Sie anbieten, und der glaubt, dass es wichtig für ihn ist" (a.a.O. 57). Aus einer pointierten Praxissicht hat Bosshart (vgl. 2009) die Spezifika von Sozialmanagement auf einige Stichworte gebracht, demnach ist Sozialmanagement gleichzusetzen mit Management, nur ist Sozialmanagement komplexer, motivierter, bürokratischer, ressourcenknapper, vernetzter, politischer, vielfältig und herausfordernd. Einige dieser zugespitzten Eigenschaften finden sich in den nachfolgenden Praxiskonzepten wieder. Definitionen eines Sozialmanagements greifen angesichts dieser Komplexität etwas kurz, es geht um eine grundlegende Ausrichtung eines Managements im Bereich der Sozialen Arbeit, weshalb nachfolgend einige erfolgversprechende Konzepte dargestellt werden sollen.

## 5.1 Freiburger Nonprofit-Management-Modell

Das Freiburger Management-Modell (Universität Freiburg/Schweiz) verknüpft wissenschaftliche Ansätze mit der Praxisberatung (vgl. Schwarz u.a. 2002, 7). Es knüpft an die Begrifflichkeit der Nonprofit-Organisation an, die, wie bereits dargestellt, nur teilweise für den Bereich der Sozialen Arbeit nutzbar ist. Dabei versteht sich das Freiburger Management-Modell nicht als umfassende Lehre des Managements, sondern eher als eine beschreibende Darstellung der wesentlichen Elemente (vgl. Schwarz u.a. 2002, 41). Diese Darstellung ist gerade auch für Organisationen und Unternehmen im Bereich der Sozialen Arbeit nachvollziehbar. Wesentliche Grundelemente des Verständnisses der Organisation sind das Verständnis der Nonprofit-Organisation als System, verbunden mit den Stakeholdern, als lernende Organisation, als Werte- und Kulturgemeinschaft sowie als Dienstleistungsorganisation.

Als System gilt es, die Komplexität zu berücksichtigen und diese durch eine erhöhte Eigenkomplexität zu bewältigen (vgl. a.a.O., 53).

Lernende Organisation meint: eine lernorientierte Kultur, das Wissen als Produkt, das Können als individuelle und kollektive Lernfähigkeit und das Wollen als Einsicht in die Notwendigkeit des Lernens zu begreifen (vgl. Schwarz u.a. 2002, 63).

Die drei Kernbestandteile des Management-Modells sind das System-Management, das Marketing-Management und das Ressourcen-Management. Das Erste setzt an der Systemeigenschaft, das Zweite an der Zweckerfüllung und das Dritte an der Leistungserbringung an (vgl. Schwarz u.a. 2002, 65).

Aufgaben des System-Managements sind auf der Grundlage einer Philosophie des Total Quality Managements in einer eigenen Spezifizierung:

- Willensbildung/-sicherung
- Planung
- Controlling
- Qualitätsmanagement
- Führung
- Organisation
- Innovation
- Management-Stil (vgl. Schwarz u.a. 2002, 71 und 80).

Als zentrale Spannungsfelder in der Struktur werden die folgenden genannt: dezentral vs. zentral, Stab vs. Linie, Milizer (Ehrenamtliche) vs. Profis, Demokratie vs. Oligarchie (Management), Nonprofit vs. Profit sowie Privatautonomie vs. staatliche (bzw. Fremd-)Steuerung (vgl. Schwarz u.a. 2002, 95ff.).

Der Management-Stil des Freiburger Management-Modells ist durch folgende Werthaltungen geprägt:

1. Menschenbild des selfactualizing und complex man, Mitarbeitende wollen wachsen
2. Instrumentelle, aufgabenbezogene und sozioemotionale personenbezogene Rationalität werden als gleichwertig betrachtet
3. Partizipation und Delegation als Gestaltungsprinzipien
4. Prinzipien des TQM der ständigen Verbesserung und „Qualität geht alle an“
5. Teamstrukturen und selbstorganisierte Gruppen sind wichtig
6. Betroffene sollen zu Beteiligten werden
7. Demokratie, Gleichgewichte in der Aufgabenteilung und Zusammenarbeit sind wichtige Gestaltungsempfehlungen bei mehrstufigen Verbänden
8. Hohe Anforderungen an die Führungskräfte (vgl. Schwarz u.a. 2002, 197 f.).

Der Marketing-Mix im NPO-Bereich hat eine Fülle von Komponenten, die hier nur verkürzt dargestellt werden sollen: People (Dienstleistungsvermittler, Dienstleistungsnehmer, Mitglieder, Milizer und Freiwillige), Performance (Produkt und Dienstleistungsmix), Price (Preis und Finanzierungsmix), Politics (Umfeld-Beeinflussungsmix), Place (Erreichbarkeit, Zugänglichkeit, räumliche Atmosphäre, Dienstleistungsumfeld), Promotion (Kommunikationsmix) (vgl. Schwarz u.a. 2002, 235).

Bereiche des Ressourcenmanagements nach dem Freiburger Modell sind: Mitglieder (hierbei gibt es ganz unterschiedliche Rollen des Mitgliedes: Träger, Beitragszahler, Mitwirkender, Leistungsbetroffener, Leistungsbezüger, Normenvollzieher) (vgl. Schwarz u.a. 2002, 240), Ehrenamtliche (Milizer), Hauptamtliche, freiwillige Helfer, Finanzmittel, Sachmittel und Kooperationen (vgl. Schwarz u.a. 2002, 73).

Es geht u.a. darum, Ämter für Ehrenamtliche attraktiv zu gestalten. Solche Funktionen werden freiwillig, ehrenamtlich, als neben oder außerberufliches Engagement von Amateuren (oft ohne spezifische Führungsmethodik und -erfahrung) ausgeführt, teilweise werden diese auch in die Ämter gewählt (vgl. Schwarz u.a. 2002, 247).

| *Systemmanagement* | *Marketingmanagement* | *Ressourcenmanagement* |
|---|---|---|
| Aufgaben, die das Gesamtsystem betreffen (Leitbilder, Prozesse, Strukturen, Controlling, Führungsstil, Qualitätsmanagement) | Ausrichtung der Leistung auf den Zweck und den Nutzen für Mitglieder/Kunden sowie Beeinflussung Dritter | für die Leistungserbringung erforderliche Mittel (Mitarbeiter, Mitglieder, Sachmittel) |
| Grundlage: Total Quality Management; Management by objectives, ... by exceptions | Positionierung im Außen- und Innenbereich | Bereiche: Mitglieder, Ehren- und Hauptamtliche, Finanz- und Sachmittel, Kooperationen |

*Abbildung 5: Management-Felder im Freiburger Management-Modell (vgl. Schwarz u.a. 2002, 64 ff.)*

Damit wird das Grundanliegen dieses Modells deutlich: Es beschreibt aus Erfahrungen heraus und orientiert sich an wichtigen Theorien des Managements. Wertvoll im doppelten Sinne ist dabei die Verortung von Werten im Modell.

## 5.2 Darmstädter Management-Modell

Das Darmstädter Management-Modell hat sich aus der Praxis der Studiengänge der Evangelischen Fachhochschule Darmstadt entwickelt. Hierbei wird der Begriff des Managements in Sozialen Organisationen verwendet, aufgrund der Unklarheit des Begriffes des Sozialmanagements (Fröse 2005a, 367). Das Darmstädter Management-Modell versteht sich als fünftes Modell neben sozialtechnokratisch, gruppendynamisch, sozialpolitisch und sozialwirtschaftlich orientierten Konzepten. Bei dem Master-Studiengang geht es unter anderem um die Integration eines ethisch begründeten Menschenbildes (vgl. Fröse 2005a, 376).

„Dem Darmstädter Managementmodell liegt in einer abgewandelten Form das themenzentrierte Interaktionsmodell von Ruth Cohn zugrunde“ (Fröse 2005a, 386). Auf der Ebene Ich geht es in dem Darmstädter Modell um Persönlichkeitsentwicklung (Leadership-Qualifizierung), auf der Wir-Ebene um Praxis-Organisation-Reflexion (Erfahrungen stehen im Mittelpunkt), auf der dritten Ebene ist das Thema Wissenschaft-Theorie-Analyse (Erkenntnisse aus den Fachwissenschaften). Umgeben wird als vierte Ebene dieses Modell von dem Globe (gesellschaftliche Erkenntnisse: „denn all unser Denken, Handeln und Fühlen ist Teil historischer, biographischer, gesellschaftlicher, politischer und religiöser Erfahrungen und Erkenntnisse). Bestandteil des Modells sind drei Lernfelder die ineinander übergreifen:

- Theorie und Praxis des Managements
- Sozialwissenschaftliche Grundlagen
- Führungskompetenzen im Management

In und mit diesem Modell wird erkennbar, dass Management sozialer Einrichtungen mehr ist als das Erlernen von Management-Techniken und Theorien, sondern Management sozialer Einrichtungen eng mit den Erfahrungen und der Persönlichkeit verbunden ist sowie mit ethischen Grundlagen. Damit ist dieses Modell des Managements ein deutliches Gegenmodell zu einem „Managerialismus“ (der als eine Ideologie beschreibbar ist, die auf eine rücksichtslose Verzweckung des Menschen aus ist oder als Managerherrschaft (vgl. hierzu u.a. Cleppien 2008, Grunwald 2009).

Während das Freiburger Modell stärker die Besonderheiten der Nonprofit-Organisationen hervorhebt, wird bei dem Darmstädter Management-Modell erkennbar, dass die Persönlichkeit des Managers und deren Ausbildung eine entscheidende Rolle spielen.

## 5.3 Luzerner Modell

Dieses Modell wurde bisher nicht als solches benannt oder beschrieben, dennoch tragen die Überlegungen, die aus dem Kompetenzzentrum Soziale Arbeit und Ökonomie der Hochschule Luzern hervorgegangen sind, Züge eines Denk- und Umsetzungsmodells im Bereich des Managements sozialer Einrichtungen. Verschiedene Management-Modelle werden „im Hinblick auf ihre spezifische Eignung als handlungsorientierte Verfahren für das Sozialmanagement diskutiert“ (Bürgisser u.a. 2008, 216). Unterschieden wird vor dem Hintergrund eines systemtheoretischen Modells des Sozialwesens zwischen vier verschiedenen Beobachtungs- und Entwicklungsbereichen Sozialer Arbeit. Auf der Ebene des Systems geht es um professionelle Leistungen bzw. Versorgungssysteme, auf der Ebene der Umwelt um soziale Probleme und die sozialpolitische Steuerung. In der Matrix wird zwischen den Funktionen und den Strukturen unterschieden, so dass sich die Bereiche wie in Abbildung 6 darstellen.

Vor diesem Hintergrund werden relevante Bezüge des Sozialmanagements benannt. Sozialmanagement hat in diesem System die klare Verortung im Feld der professionellen Leistungen, im Management der Organisation, die diese Leistung erbringt. Dieses Management muss aber in Richtung der Sozialen Probleme gerichtet sein und sollte Einfluss auf die sozialpolitische Steuerung und die Vernetzung im jeweiligen Sozialraum haben.

| | Problembezüge und prof. Differenzierung Sozialer Hilfe (Funktion) | Alimentierung und Strukturierung Sozialer Hilfe (Struktur) |
|---|---|---|
| Rahmenbedingungen und Steuerung des Sozialwesens (Umwelt) | *Soziale Probleme* | *Sozialpolitische Steuerung* |
| Leistungen und Strukturen des Sozialw. (System) | *Professionelle Leistungen* | *Versorgungssysteme* |

*Abbildung 6: Beobachtungs- und Entwicklungsbereiche Sozialer Hilfe (vgl. Bürgisser 2008)*

Das zunächst für die Schweiz entwickelte System scheint in seinen Grundannahmen auch auf andere Länder hin übertragbar zu sein. Bürgisser u.a. definieren (2008) die Beobachtungsbereiche wie folgt:

- soziale Probleme: „Fokus: gesellschaftlicher Problemdiskurs oder die Art und Weise, wie „soziale Probleme öffentlich thematisiert werden" (a.a.O., 218).
- professionelle Leistungen: „Fokus: Beschreibung mehrheitlich schwieriger Rahmenbedingungen, welche die sozialpolitische Steuerung in der Schweiz prägen" (a.a.O., 218).
- sozialpolitische Steuerung: „Fokus: aktuelle Anforderungen, die sich den sozialen Einrichtungen stellen, die professionelle Leistungen erbringen" (a.a.O., 219).
- Versorgungsverhältnisse: „Fokus: Fragen, die sich bei der Kooperation der sozialen Einrichtungen in einem bestimmten Aufgabenfeld wie z.B. der Suchthilfe oder dem Behindertenbereich stellen" (a.a.O., 219).

Vor diesem Hintergrund werden verschiedene Managementmodelle in den Blick genommen und auf ihre Tauglichkeit für das Sozialwesen untersucht.

Sozialmanagement muss neben dem „Betrieb" auch eine Funktion erfüllen zur Leitung, Steuerung und Gestaltung im jeweiligen Sozialraum

(Stadtviertel, Quartier, Dorf) und die Akteure in diesem Feld zu abgestimmtem, vielleicht auch gemeinsamem Handeln bewegen. Weiter muss es, wie generell auch die Soziale Arbeit, eine anwaltschaftliche Funktion in Richtung Gesellschaft und Politik erfüllen, indem Management Problemlagen und Bedarfe artikuliert und in diese Bereiche hinein wirksamen Einfluss ausübt. Nicht zuletzt geht es auch darum, dass sich Sozialmanagement dadurch auszeichnen muss, dass es wirksam ist in Richtung sozialer Probleme. Ein Sozialmanagement, das nur den „Betrieb" der sozialen Organisation sieht und dessen Managen nichts zur Bewältigung von sozialen Problemen beiträgt, verfehlt Zielsetzungen Sozialer Arbeit.

Die Managementaufgabe in der sozialen Organisation hat in Bezug auf den Diskurs sozialer Probleme die Aufgabe der gesellschaftlichen Legitimation. In Richtung sozialpolitischer Steuerung geht es um den Nachweis von Professionalität, Wirtschaftlichkeit und Wirksamkeit. In Richtung Versorgungssysteme schließlich um die fachliche und strukturelle Passung in diese (vgl. Bürgisser 2009).

Gerade das Luzerner Modell versucht die Besonderheiten Sozialer Arbeit explizit zu berücksichtigen.

## 5.4 Weiterführende Literatur

Drucker, Peter u.a. 2009: Die fünf entscheidenden Fragen des Managements, Weinheim

Fröse, Marlies W. (Hrsg.) 2005b: Management Sozialer Organisationen, Bern

Schwarz, Peter/Purtschert, Robert/Giroud, Charles/Schauer, Reinbert 2002: Das Freiburger Management-Modell für Nonprofit-Organisationen, 4. Auflage, Bern

## 5.5 Fragen zu Kapitel 5

- Welches sind die wichtigsten Impulse der drei genannten Modelle für ein Management in der Sozialen Arbeit?
- Auf welche Felder außerhalb der sozialen Organisation übt nach dem Luzerner Modell das Management einen Einfluss aus?
- Wie wichtig ist die Persönlichkeitsbildung für das Management?

6

# 6. Gestaltung von Organisationen: Managementfelder

Vielfach ist von einem Managementkreislauf die Rede, wenn es darum geht, verschiedene nacheinander zu behandelnde Bereiche, etwa in einem Prozess darzustellen. Dahinter steht das Bild eines immer wieder ablaufenden Kreislaufes. Dies mag sicherlich z.B. bei der Entwicklung eines Produktes auch der Fall sein, zeigt aber nicht die Komplexität des Managements in einer Organisation auf. Sinnvoller scheint es, die einzelnen Managementfunktionen als Instrumente darzustellen, die erst zusammen ihre Wirkung entfalten.

Von der zeitlichen Dimension scheint eine Unterscheidung in ein strategisches Management (vgl. Kortendieck 2009), das eher auf längerfristige Entscheidungen hin ausgerichtet ist, und in ein operatives Management, das eine eher kurzfristige Zeitperspektive hat, sinnvoll zu sein. Gerade ein umfassendes strategisches Management ist für soziale Organisationen notwendig, wenn sie langfristig ihre Existenz sichern wollen und erfolgreich agieren wollen, nur so kann auch eine

Unternehmens- oder Einrichtungsphilosophie gesichert werden (vgl. a.a.O., 20). Weitere Differenzierungen werden zwischen Management und Führung vorgenommen, wobei Ersteres eher auf Rationalität beruhe und Letzteres die Emotionalität im Blick habe (vgl. Heller 2002, 171). Gerade bei dieser Unterscheidung lohnt es sich, die Gesamtheit der Managementaufgaben einem näheren Blick zu unterziehen. Neuere Erkenntnisse, u.a. der Hirnforschung, zeigen auf, dass ein funktionierendes Management in seiner Gesamtheit auf mehr als Rationalität angewiesen ist (vgl. u.a. Roth 2004).

Der hier genutzte Managementbegriff im weiteren Sinne als Gestaltung und Steuerung behandelt als Kernbereiche dieses Managements Leitung als Führung zu Zielen hin.

Der Bereich des Rechts ist über den rein sozialrechtlichen Teil hinaus für das Management als Rahmen von Bedeutung, soll an dieser Stelle jedoch nur im Überblick kurz vorgestellt werden: Für das Management sozialer Organisationen haben insbesondere die Bereiche des Arbeitsrechts (Rechte und Pflichten, die sich aus einem Arbeits- bzw. Dienstverhältnis und seiner Gestaltung ergeben), des Gesellschaftsrechts (Rechte und Pflichten, die durch die Wahl und Gestaltung einer Rechtsform (Verein, GmbH, Stiftung, Aktiengesellschaft)) entstehen, und des Steuerrechts (Gemeinnützigkeitsrecht, Sponsoring, Spenden, Fundraising) herausragende Bedeutung. Weitere Rechtsgebiete wie das Vertragsrecht und das Organisationsrecht kommen hinzu.

## 6.1 Visionen, Leitbilder und Ziele

Nicht jede Abteilung benötigt eine eigene Vision und es bedarf auch keines bis ins letzte Detail ausgearbeiteten Zielsystems, um Management zu betreiben. Die beiden Stichworte sollen zeigen, dass es nicht nur um nüchterne rationale Ziele geht, sondern auch um Bilder, die bewegen, emotionalisieren und motivieren. Drucker beschreibt dies mit dem Wort der Mission (vgl. Drucker 2009, 39).

Bei Leitbildern geht es nicht um Hochglanzbroschüren oder gut formulierte Texte, sondern um die gelebte Identität einer Einrichtung. Visionen, Leitbilder und Ziele geben Orientierung und machen das

Managen sozialer Einrichtungen einfacher. Auch machen diese Begriffe deutlich, dass es nicht um die Entscheidungen einsamer Funktionsträger innerhalb einer Hierarchie oder einer sich solidarisierenden Basis geht, sondern um das Gemeinsame einer Organisation.

Visionen sind bewegende, begeisternde, motivierende Bilder, mit denen die Emotionen angesprochen werden. Visionen sind positiv besetzte Bilder oder Vorstellungen von der Zukunft oder von zukünftigen Ereignissen. Als eine berühmte Vision wird die des Autoherstellers Ford berichtet, der wollte, dass sich alle Arbeiter in seinen Werken auch einen Ford leisten konnten.

Zusammengefasst: Visionen helfen, motivieren, orientieren und lassen einen über sich hinauswachsen.

Ein Leitbild stellt die Verbindung der verschiedenen und relevanten Anspruchsgruppen (Stakeholder) einer Organisation dar und sollte Aussagen dazu machen. Es sollte unter der Beteiligung aller Anspruchsgruppen erstellt werden und aus wenigen prägnanten, aber in der Organisation „gelebten" Aussagen bestehen. Dazu bedarf es eines Entwicklungsprozesses, einer Orientierung durch die Leitung sowie der regelmäßigen Qualifizierung bzw. Ausrichtung. Ein Leitbild, das im Foyer der Einrichtung aussagt, jeder Mensch werde zuvorkommend als Kunde behandelt, ist das Papier nicht wert, auf dem es steht, sofern diese Haltung nicht von jedem Mitarbeiter verinnerlicht und gelebt wird.

Wird in der Wirtschaft von einem normativem, einem strategischen und einem operativen Management gesprochen, so haben Beywl und Schepp-Winter (vgl. 1999, 42) diese Systematik von drei Ebenen auf Zusammenhänge von Pädagogik (und Soziale Arbeit) hin wie folgt übertragen: als Leit-, Mittler- und Handlungsziele.

Wenn Ziele transparent gemacht werden und die Leitung klar ist, dann hat dies mit Ehrlichkeit, Verlässlichkeit und Aufrichtigkeit zu tun, die wesentlich für die Zusammenarbeit innerhalb einer Organisation sind, wenn diese auf Nachhaltigkeit hin ausgerichtet ist. Ziele sind herausfordernde, in der Zukunft liegende Ergebnisse oder Zustände.

Ziele in diesem Sinne lassen sich durch fünf einfache Worte als smarte Ziele definieren:

Spezifisch

Messbar

Akzeptabel
Realistisch und schließlich
Terminiert (vgl. Beywl und Schepp-Winter 1999, 63).

## 6.2 Führung und Leitung

Eine Organisation als ein Gebilde, das aus Beziehungen, einem Ziel bzw. Zweck sowie verschiedenen Funktionen besteht, bedarf der „Ausrichtung" auf diesen Zweck hin. Diese Funktion wird als Steuerung, Leitung und/oder Führung beschrieben. Während es in kleineren Gruppen noch funktionieren mag, dass es zumindest keine formale Leitungsfunktion gibt (und dennoch eine Leitungsfunktion wahrgenommen wird!), ist bei komplexeren Organisationen eine Leitung erforderlich. Die Bezeichnungen Leitung und Führung werden meist synonym verwendet, wobei der Leitungsbegriff stärker auf die Lenkung einer Organisation, der Führungsbegriff stärker auf die Beeinflussung von Personen hin angewendet wird. Im deutschsprachigen Raum und gerade in der Sozialen Arbeit wird aufgrund der historischen Hintergründe der Führungsbegriff seltener verwandt. Dennoch wird er in vielen Kontexten genutzt. Knapp definiert Merchel (2004a, 10) Leitung: „‚Leitung'" innerhalb von Organisationen ist verknüpft

a.) mit einer herausgehobenen Positionierung, somit auch
b.) mit Macht und
c.) mit personenbezogenen Führungsverhältnissen, was bedeutet, dass eine Person legitimiert einer anderen Person Anweisungen geben darf, die diese zu befolgen hat".

Wie kann Leitung praktisch aussehen, welche Formen und welche Möglichkeiten der Leitung sind angebracht? Den idealen Führungsstil gibt es nicht, der Führungsstil hängt aber nicht nur von der Führungskraft ab, sondern auch und entscheidend vom Geführten: „Jeder Mitarbeiter bedarf einer anderen Leitung": Jeder Mitarbeiter hat andere biographische Erfahrungen mit Leitung und eine andere Persönlichkeit. Mitarbeitende, die eine hohe Selbständigkeit haben, können z.B. mit wenigen vereinbarten Zielen eine hervorragende Leistung erbringen und würden es eher als demotivierend empfinden, täglich einen Arbeitsplan vorgegeben zu bekommen, andere Mitarbeitende sind es eher gewohnt, genauere Vorgaben zu erhalten. Generell benötigen Mitarbeiter Vertrauen, Leidenschaft, Stabilität und Hoffnung als Grundbedürfnisse, die eine gute Führung/Leitung ausmachen (vgl. Rath und Conchie 2008, 82).

Dimensionen von Führung zeigt folgendes von Kannicht (o.J.; übernommen sind nachfolgend die Überschriften, Erläuterungen: A.S.) vorgelegte Modell:

### Steuern versus Selbstorganisation

Die Ausprägung zwischen den beiden Polen Steuerung und Selbstorganisation ist sowohl bei der Führungskraft als auch bei dem Mitarbeitenden individuell. Nur wenn es eine Passung gibt, kann es auf beiden Seiten eine Zufriedenheit geben.

### Taktik versus Authentizität

Eine weitere Achse entfaltet sich zwischen den Polen Taktik, d.h. der Nutzung eines Wissensvorsprungs und der Authentizität der Führungskraft. Die Führungskraft kann weder ständig taktisch handeln noch ständig authentisch sein, wenn sie das Ziel der Gestaltung der Organisation und die Ausrichtung auf die Ziele vor Augen hat.

### Partner/Berater versus Vorgesetzter

Gerade bei Mitarbeitern, die zu Vorgesetzten werden, besteht die Gefahr, dass sie sich zumindest zu Beginn als Partner ihrer ehemaligen Kollegen verhalten, dann aber durch notwendige Entscheidungen diese Rolle verlassen müssen, da sie in der neuen Funktion eine andere Aufgabe haben. Auf der anderen Seite sollte sich ein Vorgesetzter seiner Funktion deutlich bewusst sein, seine Mitarbeiter auch ermutigen, bestärken und grundsätzlich partnerschaftlich führen und leiten. Es gibt immer Entscheidungen, die eine Führungskraft auch gegen die Interessen der Mitarbeiter treffen muss. Die Aussage: „Es gibt keine andere Alternative“ wird in den seltensten Fällen zutreffen oder markiert vorheriges Fehlverhalten der Führungskraft, die sich durch Nichtentscheiden oder Falschentscheiden in eine Sackgasse gebracht hat.

### Anerkennung versus Kritik

In wenigen Organisationen werden Anerkennung und Kritik klar benannt und besprochen, oft tritt eine Führungskraft nur dann auf, wenn es Kritik gibt. Anzustreben ist eine ehrliche Anerkennungskultur, die nicht über Fehlleistungen hinwegsieht, sondern diese konstruktiv kritisiert. Wenn es keine Kritikkultur gibt, ist dies ein systematischer Demotivator für die Motivierten („lohnt es sich, dass ich mich so einsetze?“).

### Vision versus operatives Tagesgeschäft

Eine Planung über den Tag hinaus, die von der Führungskraft artikuliert wird, schafft Transparenz und gibt eine Richtung an. Dennoch darf eine Führungskraft nicht auf der Ebene der Vision stehen bleiben, sondern muss möglichst die operativen Herausforderungen des „Tagesgeschäftes“ mit der Vision in Verbindung bringen, etwa in dem Sinne, dass die Arbeit des einzelnen Mitarbeiters in den Kontext der Vision gestellt wird und damit klar wird, was vom Mitarbeiter als Beitrag zum großen Ziel erwartet wird.

Vom Gesichtspunkt der Wirksamkeit nennt Malik (vgl. 2006, 75 ff.) Grundsätze, Aufgaben und Werkzeuge wirksamer Führung, zu den Grundsätzen gehören die Resultatorientierung, der Beitrag zum Ganzen, die Konzentration auf weniges, die Nutzung von Stärken, Vertrauen und positives Denken. Die Aufgaben sind für Ziele sorgen, Organisieren, Entscheiden, Kontrollieren und Menschen entwickeln und fördern. Die Werkzeuge einer solchen Führung sind Sitzung, Bericht, die Gestaltung von Arbeitsplätzen („Job design“) und die dynamische Steuerung des Einsatzes (Assignment Control), die persönliche Arbeitsmethodik, Budget, Leistungsbeurteilung und eine systematische Müllabfuhr (im Sinne einer kontinuierlichen Reinigung von unnötigem Ballast durch Überkommenes und Überflüssiges).

Einen anderen Zugang zur Leitung hat Grün, der von den Regeln Benedikts von Nursia ausgeht, die dieser für den Cellerar, den Finanzchef des Ordens aufgestellt hat. Er beschreibt folgende Charaktereigenschaften und Fähigkeiten (vgl. Grün 2002, 13 ff.): erfahren sein, menschliche Reife, Bescheidenheit, Demut, nicht aufgeregt sein, gerecht sein, klar entscheide[illegible] sfurcht, wie ein Vater.

Die Aufgabe schließlich soll mit Sorgfalt, [illegible] Glaube an den „guten Kern“ im Menschen, durch N[illegible] Nicht-Verachten erfüllt werden (a. a. O., 37 ff.). [illegible] dieser Weise Leitung als einen Dienst am Mensche[illegible] t das Modell der stärkenbasierten Führung, das S[illegible] der Leitung als auch bei Mitarbeitenden im Fok[illegible] Rath und Conchie 2008).

## 6.3 Personal

Leitung geht nicht ohne Personal und Personal bedarf der Leitung. Wichtige Aufgaben in diesem Bereich kommen der Personalentwicklung zu, Konzepte des Human Resource Managements sehen eine hohe Bedeutung des Menschen in einer Organisation.

Neben der kontinuierlichen Leitung muss es auch darum gehen, Personen in ihren Kenntnissen und Fähigkeiten weiterzuentwickeln, sie für zukünftige Aufgaben zu qualifizieren und zu ermuntern.

Eine wichtige Funktion im Bereich der Personalarbeit hat das regelmäßige Personalgespräch, auch Mitarbeitergespräch oder Mitarbeiterjahresgespräch genannt. Ein solches Gespräch soll einmal im Jahr dem Austausch zwischen Mitarbeitendem und der Führungskraft dienen. In einer ruhigen, offenen und wertschätzenden Atmosphäre sollen Themen der Führung und Zusammenarbeit, der Arbeitsgebiete, der Arbeitsumgebung sowie der Fort- und Weiterentwicklung besprochen werden. Dabei sollen Ziele vereinbart werden. Durch ein solches Gespräch haben beide die Gelegenheit in ihren Rollen, aber unter „vier Augen“, den gegenseitigen Interessen näherzukommen und Perspektiven für die zukünftige Arbeit aufzubauen. Arbeitszufriedenheiten oder -unzufriedenheiten können offen besprochen werden, ein gegenseitiges Verständnis kann wachsen und es können konfliktgeneigte Themen frühzeitig besprochen werden. Zu einem solchen Gespräch gibt es viele rezeptartige Anleitungen, ein wesentliches Merkmal ist jedoch eine Haltung der gegenseitigen Wertschätzung der Personen.

Wichtige Instrumente der Personalentwicklung sind: Personalauswahl, erster Arbeitstag, Mentorenprogramme, interne Wissensmultiplikation, Wissensmanagement, Mitarbeiterjahresgespräch, Anerkennungssystem, Projektarbeit, betriebliches Vorschlagswesen, Hospitation, Fortbildung.

Einen Hinweis auf die Bedeutung der Arbeit mit dem Personal geben die Ergebnisse des Gallup-Institutes (vgl. Buckingham und Coffmann 1999):

Die Qualität eines Arbeitsplatzes kann vereinfacht an der Beantwortung von zwölf Fragen gemessen werden. Diese können natürlich nicht alles erfassen, was über einen Arbeitsplatz wissenswert ist, sie beinhalten jedoch die wichtigsten Informationen. Sie messen die Kernelemente um die besttalentiertesten Mitarbeiter anzuziehen, zu stärken und zu halten:

1. Weiß ich, was von mir bei der Arbeit erwartet wird?
2. Habe ich die Materialien und die Ausstattung, die ich benötige, um meine Arbeit richtig zu machen?
3. Habe ich auf der Arbeit die Möglichkeit, jeden Tag das zu tun, was ich am besten kann?
4. Ist in den letzten sieben Tagen meine gute Arbeit bemerkt oder gelobt worden?
5. Kümmert sich mein Vorgesetzter oder sonst jemand bei der Arbeit um mich als Person?
6. Gibt es bei der Arbeit jemand der mich zur Entwicklung ermuntert?
7. Zählen meine Ansichten am Arbeitsplatz?
8. Zeigen mir der Auftrag und Zweck meiner Firma, dass meine Arbeit wichtig ist?
9. Werden meine Kollegen dazu angehalten, hochwertige Arbeit zu leisten?
10. Habe ich einen besten Freund in der Firma?
11. Hat mit mir jemand in den letzten sechs Monaten über meinen Fortschritt gesprochen?
12. Hatte ich im vorangegangenen Jahr Möglichkeiten, bei meiner Arbeit zu lernen und zu wachsen?

Lassen sich alle Fragen positiv beantworten, ist mit Sicherheit ein hoher Grad an Arbeitszufriedenheit vorhanden und ebenso sicher eine effektive und wertschätzende Personalführung. Personalentwicklung oder Human Resource Management sieht Personal umfassend von der Einstellung bis zur Rente bzw. Entlassung, dazu gehören auch andere Managementmethoden wie ein gezieltes und wirksames Personalcontrolling.

Ein besonderes Augenmerk sollte auf die Begrifflichkeit des Human Resource Managements (HRM) gelegt werden. Der Gedanke der Ressource Personal zielt auf einen Wettbewerbsvorteil bei der Nutzung der Ressourcen. Felger und Paul-Kohlhoff unterscheiden zwischen einer „hard version" des Human Resource Managements, dem es um einen effektiven Beitrag zur Umsetzung der Unternehmensstrategie geht und einer „soft version", der es um die Gewinnung von Arbeitnehmern und Führungskräften für die Organisationsziele geht (vgl. 2004, 35). Werden in diesem Konzept Arbeitnehmer als Mitunternehmer definiert, führt dies auch zu einer Verantwortungsentlastung der Unternehmen und zur stärkeren Individualisierung von Beschäftigungsrisiken: „Die Unternehmen sagen lediglich Förderung und Personalentwicklung zu. Die Risiken diskontinuierlicher Auslastung, ungewisser unternehmerischer Erfolge und ihr Durchschlagen auf den internen wie externen Arbeitsmarkt tragen letztlich die Beschäftigten" (Felger und Paul-Kohlhoff 2004, 46).

Gerade weil es zumindest in den USA und in Großbritannien das erklärte Ziel von Human Resource Management war, die institutionalisierte Mitbestimmung und die Macht der Gewerkschaften aus den Unternehmen herauszuhalten und Unternehmensinteressen durchzusetzen (vgl. Felger und Paul-Kohlhoff 2004, 98), sollten von den Interessenvertretungen der Arbeitnehmer die Konzepte in diesem Bereich aufmerksam verfolgt und mitgestaltet werden.
Schließlich ist zu beachten, dass Personalentwicklung eng mit der Organisationsentwicklung verbunden ist.

## 6.4 Organisation

Beim Organisationsbegriff gibt es unterschiedliche Definitionen, die Hintergründe abbilden, je nachdem ob eine Organisation als eine feste

Gestalt, als Zusammenwirken von Personen oder als Konstruktion gedacht wird. Merchel (vgl. 2004a, 16) unterscheidet (je nach Dominanz der Perspektive auf die Struktur, die Person oder Umwelt und Prozess) ein rationales, natürliches oder offenes Organisationsmodell.

Ersteres ist eher mechanistisch zu verstehen wie beispielsweise das Modell der Bürokratie von Max Weber. Das natürliche Organisationsmodell sieht die Organisation als soziales Gebilde, während das an die Systemtheorien angelehnte offene Organisationsmodell Organisationen als komplexe und umweltabhängige Gebilde versteht. Die Schwächen der beiden ersteren Modelle liegen im mangelnden Blick auf die Komplexität der Organisation. Beim rationalen Modell wird eine nicht vorhandene lineare Ursache-Wirkungs-Beziehung angenommen, beim natürlichen Modell die Bedeutung der einzelnen Person überbetont.

Modelle der Verwaltungsorganisation mit Ablauf- und Aufbauorganisation sind sehr stark in diesem Denken verhaftet. Dieses Modell hat den entscheidenden Vorteil in der rationalen Nachvollziehbarkeit der Organisation. Klarheit ist vorhanden, wie Abläufe mit welch einer Verantwortlichkeit strukturiert sind ebenso wie die Klarheit der Zuständigkeit. Dieses Denken fördert ein enges Denken in Zuständigkeiten und einer Sicherheit, die vielfach nicht oder nicht mehr gegeben ist. Das Modell scheitert spätestens dann, wenn es perfekte Ablauf- und Aufbaudiagramme gibt und diese dennoch nicht funktionieren. Teilweise liegt dem industriellen Qualitätsmanagement (Total Quality Management) ein solches Denken zu Grunde. Das „natürliche Modell" bezieht die Organisation als soziales Gebilde mit ein und kann dadurch viele Defizite des rationalen Modells vermeiden, aber:

> „Die Komplexität der Organisation droht aus dem Blick zu geraten, mögliche Überforderungen der Mitarbeiter werden zu wenig berücksichtigt, das positive Menschenbild unterschätzt die Problematik unerfreulicher, im Sinne der Organisationsziele dysfunktionaler Verhaltensweisen von Menschen, strukturelle Konflikte drohen in persönliche Konflikte umgedeutet zu werden, Umweltbezüge werden in ihrer Bedeutung in zu geringem Maße thematisiert" (a.a.O., 19).

Vor diesem Hintergrund scheitern z.B. Bemühungen der Supervision einzelner Organisationsmitglieder, wenn Ursachen von Konflikten in Strukturen und Prozessen, unterschiedlichen Anforderungen an einzelne Organisationsmitglieder u.Ä. liegen.

Das offene Organisationsmodell ist von einer systemtheoretischen Betrachtungsweise geprägt. Organisationen werden als Organismen verstanden, die sich in ihrer Eigengesetzlichkeit von ihren Umwelten abgrenzen und eigene sinngebende Strukturen und Prozesse haben. Die dahinterliegende Erkenntnis geht davon aus, dass eine Steuerung einer solchen Organisation nicht linear erfolgen kann oder durch den Austausch von Personen, sondern nur in der Logik des Systems erfolgen kann, entweder durch Eigensteuerung oder durch Impulse durch die Umwelt. Zwei Beispiele dazu: Eine lineare Steuerung durch Anweisung eines Vorgesetzten an einen Mitarbeiter ist nur unter bestimmten Voraussetzungen erfolgreich, abgesehen von Zwangssystemen, die nur zeitweise in einfachen Umweltbedingungen erfolgreich sein können. Zu den Voraussetzungen gehören eine Akzeptanz gemeinsamer Ziele, eine gemeinsame Kommunikationsebene und zumindest ein Einverständnis zu irgendeinem Zeitpunkt. Eine solche lineare Steuerung führt schließlich dazu, dass der Untergebene keine eigene Realitätswahrnehmung mehr hat und die Umwelt ausschließlich durch den Vorgesetzten definiert wird. In einer komplexen Umwelt bedeutet dies, dass die Organisation in sich diese Komplexität nicht abbilden kann und nur eine sehr eingeschränkte Wahrnehmung und dadurch auch ein eingeschränktes Handlungspotential hat. Ein Beispiel stellt der Austausch eines Trainers in einer Fußballmannschaft dar oder aber der Austausch eines Topmanagers: Beides allein führt nicht zum Erfolg, wenn nicht auch eine Resonanz im betreffenden System auf diese Veränderungen erfolgt.

Zur Steuerung in einem offenen Organisationsmodell führt Merchel (2004a, 20) aus: „Im Gegensatz zum Steuerungsoptimismus des ‚rationalen Organisationsmodells‘ muss im ‚offenen Organisationsmodell‘ der systemspezifische, letztlich nicht verlässlich berechenbare Bearbeitungsmodus von Entwicklungsimpulsen in Rechnung gestellt werden. Steuerung liegt somit eher

- in der Vermittlung von Entwicklungsimpulsen,
- in der Auswertung und prozesshaften Begleitung der Verarbeitung dieser Impulse sowie
- in der prozesshaften Modifikation von Impulsen,

wobei die Steuerungshoffnung sich aus einem angemessenen Verstehen der Handlungs und Reaktionsweisen innerhalb des Organisationssystems speist; allerdings bleibt dies immer eine Steuerungshoffnung, die in ihrer Vorsicht mit einem Steuerungsoptimismus nur wenig gemein hat."

Nüchtern beschreibt Malik (2006, 194) die Unvollkommenheiten von Organisationen:

> „Man ist gut beraten, davon auszugehen, dass man nicht die Wahl zwischen guten und schlechten Organisationen hat, sondern nur zwischen *mehr* oder *weniger schlechten*. Alle Organisationen erfordern *Kompromisse*".

Ein neuerer Ansatz ist der so genannte Organisations- oder Unternehmenskulturansatz, der im Grunde davon ausgeht, dass es Wirkkräfte in einer Organisation gibt, die zusätzlich zur offiziellen Struktur der Organisation wirken. Die Idee dieses Ansatzes ist die, diese Kräfte zur Ausrichtung der Organisation zu nutzen. Eine solche Kultur besteht aus:

- einer Zweckbestimmung,
- Zielsetzungen, wie dieser Zweck zu erreichen ist,
- Werten, die dabei zu beachten sind,
- Normen, die eingehalten werden müssen,
- Ritualen, die der Demonstration und Stärkung der Gemeinsamkeit dienen,
- Zeichen und Symbolen verschiedenster Art, die sie erkennbar und unverwechselbar machen (Gensch 1996, 26).

So banal es klingt: Organisationen haben zwar Rituale und allerlei Besonderheiten, sie haben jedoch keinerlei Gefühle, was spätestens dann deutlich wird, wenn Individuen als vermeintliche „Bauernopfer" für höhere Zwecke, meist dem Selbsterhalt der Organisation, mit der Organisation in Konflikt kommen:

> „Der Reflex von Organisationen auf fundamentale Legitimitätskrisen ist häufig der gleiche: Man wechselt das Führungspersonal aus. Negative Vorkommnisse werden – genauso wie positive auch – in der Betrachtung von Medien häufig an Personen gebunden, denn die Geschichten können dann besonders eindrucksvoll erzählt werden. Weil jedoch Organisationen – anders

> als Königsfamilien oder Popbands – ihr Personal auswechseln können, bietet sich die möglichst öffentlich zelebrierte Trennung an, um Legitimität zurückzugewinnen und wieder in ruhiges Fahrwasser zu kommen" (Kühl 2007, 14).

Es muss zumindest eine minimale Passung des Individuums an die jeweilige Organisation geben: Organisationen erfordern nicht nur Kompromisse, sondern sie sind es auch, da sie eine Position zwischen verschiedenen Extremen einnehmen. Meiffert (vgl. 2007, 50) nennt diese Anforderungen Organisations-Double-Bind. Als Organisations-Double-Bind benennt er

| | | |
|---|---|---|
| Konformität | < > | Kreativität |
| Unterordnung | < > | Selbstverantwortung |
| Anpassung | < > | Hinterfragen. |

Hinzu kommen auf der individuellen Ebene Double-Bind-Ansprüche:

| | | |
|---|---|---|
| Sicherheit | < > | Abwechslung |
| Routine | < > | Risiko |
| Egoismus | < > | Kooperation. |

Jedes Individuum verortet sich anders auf einer Achse zwischen verschiedenen Polen, was einen Teil möglicher Konfliktursachen beschreibt. Ein anderer Teil erklärt sich dadurch, dass Personen in eine Organisation kommen, die in anderer Weise, als die Organisation es gewohnt ist, die Balance zwischen zwei Polen halten oder aber zwei Organisationen haben unterschiedliche Balancen zwischen den beiden Polen.

> „Organisationen benötigen Unternehmensbewohner, die sich an Regeln halten und die verlässlich ihre Aufgaben bearbeiten genauso wie Spieler, die Neues austesten und Ungewohntes ausprobieren" (Meiffert 2007, 48).

Schließlich sei nicht unerwähnt, dass die Grenzen der Organisationen zunehmend verschwimmen und in Zukunft davon auszugehen ist, dass eine Organisation nicht „in Stein gemeißelt" ist mit festen Positionen, sondern eine auf Zeit bestehende Struktur zu Bewältigung einer bestimmten Aufgabe ist (vgl. das „Prinzip Unschärfe" als Verschwimmen von derzeitigen Gegensätzen z.B. zwischen Struktur und Prozess [vgl. Davis und Meyer 2000]). Die zunehmende Bedeutung von Projektmanagement geht genau in diese Richtung. In dieser Form kann jede Person verschiedene Positionen innerhalb eines Projektes wahrnehmen.

## 6.5 Weiterführende Literatur

Beywl, Wolfgang/Schepp-Winter, Ellen 1999: Zielfindung und Zielklärung – ein Leitfaden. In: Bundesministerium für Familie, Senioren, Frauen und Jugend (Hrsg.)

Kortendieck, Georg 2009: Strategisches Management im Sozialen Bereich, Augsburg.

Merchel, Joachim 2004a: Leitung in der Sozialen Arbeit. Grundlagen der Gestaltung und Steuerung von Organisationen, Weinheim.

## 6.6 Fragen zu Kapitel 6

- Worin sehen Sie den Unterschied zwischen Visionen, Leitbildern und Zielen?
- Zwischen welchen Spannungsfeldern agiert Führung und Leitung?
- Gibt es eine ideale Führung?
- Welche Instrumente der Personalentwicklung sind sowohl für die Entwicklung des Mitarbeitenden und für die Entwicklung der Organisation bedeutsam?
- Wie lassen sich Organisationen steuern und beeinflussen?
- Wo liegen Grenzen und Chancen des Organisierens in Organisationen?

7

# 7. Unterstützungsfunktionen: Hilfen zur Steuerung

Das Management als Funktion innerhalb einer Organisation ist auf steuerungsrelevante Informationen verschiedenster Art angewiesen. Dazu gehören wie in Kapitel 8 auszuführen sein wird, die finanziellen Größen und Ziffern, aber auch andere Informationen fachlicher Natur. Woran erkennt eine Geschäftsführung eines Wohlfahrtsverbandes, ob z.B. die Erziehungsberatungsstelle wirksam arbeitet oder wie die Abteilung „Lobbying Sozialer Dienste" im Bereich der Politik ihren Einfluss steigern kann oder wie eine Jugendhilfeeinrichtung sich im Markt verhalten soll? Diese Ergebnisse lassen sich kaum durch finanzielle Kennzahlen erkennen und steuern, sondern benötigen fachliche Daten und Fakten. Solche Informationen liefern Funktionen wie die des Controllings, der Evaluation oder des Marketings.

## 7.1 Controlling

Während die Kontrolle z.B. von Zielvereinbarungen zum „laufenden" Geschäft eines jeden Managements gehört, geht es dem Controlling um etwas anderes, was sich unter anderem aus der Wortherkunft erschließt. Ursprünglich ging es dem „Countrollour“ am englischen Königshof im 15. Jahrhundert darum, Geld und Güterströme zu überprüfen (vgl. Spraul und Oeser 2007, 1), es kam also stark auf das „Zählen“ an, um die Generierung von Informationen zur Steuerung. Controlling bietet Steuerungsinformationen im Prozess der Erstellung von Gütern und Dienstleistungen. Controlling soll den Entscheidungsträgern als Hilfestellung dienen: „Sie verfügen einerseits nur über unvollkommene Informationen in einem dynamischen Umfeld und andererseits nur über begrenzte Kapazitäten für die Verarbeitung von Informationen“ (Schubert 2005, 211). Bleiber (2006, 21) weist darauf hin, dass es dabei auch um Kostenziele geht, diese aber eine Bezugsgröße brauchen: „Kostenziele benötigen immer eine Bezugsgröße, die die Begründung für die Kostenhöhe gibt“. Allgemein kann Controlling definiert werden als: „Ein auf das jeweilige Unternehmen angepasstes System zur Planung, Information, Steuerung und Kontrolle von im Unternehmen ablaufenden wichtigen Prozessen“ (Spraul und Oeser 2007, 1). Der so genannte Controlling-Regelkreis macht den Zusammenhang von Planung, Informationen und Steuerung sichtbar: Am Beginn stehen Ziele und die Planung, Soll und Ist werden verglichen, Abweichungen korrigiert, um dann wieder weiter zu planen.

Zu unterscheiden ist zwischen einem strategischen Controlling (längerer Zeitraum, grundlegende Frage: Machen wir die richtigen Dinge? Hilfen bei der Umsetzung der Zielsetzung der Organisation) und einem operativen Controlling (kürzerer Zeithorizont, grundlegende Frage: Machen wir die Dinge richtig? Kurzfristige Arbeitsziele sind im Blick). Bezogen auf Organisationen der Sozialen Arbeit wäre bei einem strategischen Controlling zu fragen, ob das Unternehmen sich noch z.B. im Feld der Jugendhilfe engagieren soll, angesichts des Zukunftsmarktes Altenhilfe (wenn der Markt so bewertet würde). Das Controlling müsste dann entsprechende Informationen für die verschiedenen Bereiche des Engagements bereitstellen. Eine Frage des operativen Controllings wäre z.B. die, ob eine Einrichtung die Ziele erreicht hat (ebenfalls versehen und gestützt auf vorher vereinbarte Ziele und Messgrößen). Das strategische Controlling hat eher einen Bezug zur obersten Managementebene und dient auch der proaktiven Positionierung eines Unternehmens im Hinblick auf Änderungen der Rahmenbedingungen, während das operative Controlling alle Managementbereiche betrifft und es hierbei darum geht, die Ziele zu operationalisieren. Letzteres hat eine klare Struktur, Erstes ist eher komplex (vgl. Pech und Oppl 2009, 14).

Systematisch spielt Controlling in Europa erst seit den 60er Jahren des 20. Jahrhunderts eine Rolle. Während im Profitsektor die Rentabilität als die wichtige Erfolgsgröße gilt, wird diese Zielgröße spätestens im Bereich der Sozialwirtschaft nur noch als kleiner Teil der Zielorientierung gesehen. Vielmehr wird versucht, eine Anpassung an das Zielsystem von Organisationen im Bereich der Sozialen Arbeit vorzunehmen und ein „Fachcontrolling" zu etablieren. Die International Group of Controlling hat für die Wirkung in Nonprofit-Organisationen drei Bereiche der Wirkungen identifiziert: „im klassischen Output als Ausbringungsmenge; in den stakeholderbezogenen Wirkungen und in dem realisierten Selbstverständnis der Organisationen bei der Herstellung der ‚eigentlichen' Außenwirkungen" (Halfar 2009, 6). Wirkungsorientiertes Controlling heißt in diesem Modell, sowohl die Effizienz („output") eines Prozesses in den Blick zu nehmen (quantitative Leistungsmenge) als auch die objektive Wirkung („effect", ersichtliche und nachweisbare Wirkung für einzelne Stakeholder), die subjektive („impact", subjektiv erlebte Wirkung eines Stakeholders bzw. subjektive Effektivität) sowie die gesellschaftliche Wirkung („outcome", Nutzen und Wirkung auf die Gesellschaft). Bezogen auf die einzelnen Stakeholder ergibt sich für die Wirkungsdimensionen folgende Tabelle als Grundlage für ein Controlling:

| | direkte | weitere externe Stakeholder | Finanzgeber | Mitglieder/ interne Stakeholder |
|---|---|---|---|---|
| outcome | | | | |
| impact | | | | |
| effect | | | | |
| output | | | | |

*Abbildung 7: Wirkungsdimensionen bezogen auf einzelne Stakeholder (vgl. Halfar 2009, 8)*

Ein fachbezogenes Controlling hat die Aufgabe, die eigentliche Leistungserbringung zu betrachten (vgl. Hopmann 2009, 10). Hopmann (vgl. a.a.O., 11 f.) nennt dazu für den Bereich Sozialer Arbeit folgende Schritte:

- Leistungsbereiche eingrenzen
- Ziele formulieren, Messgrößen für die Zielerreichung festlegen
- Soll-Ist-Vergleich und Transfer-Verfahren.

Zusammenfassend nennt er die Ziele des Fachcontrollings: „Controlling bedeutet also nicht Kennzahlen zu entwickeln und Berichte zu schreiben, sondern Verhalten zu ändern“ (a.a.O., 12).

Werden in einer Jugendhilfeeinrichtung Leistungsziele vereinbart in Richtung einer Verselbständigung von jungen Menschen, so wird augenfällig, dass diese Ziele nicht dadurch schon erreicht sind, wenn die jungen Menschen von sich aus sagen, sie seien selbständig und auch der Bezug einer eigenen Wohnung oder die Aufnahme einer geregelten Arbeit allenfalls mehr oder weniger zutreffende Näherungswerte an das gewünschte Ziel sind. Für den Sozialarbeiter gilt es, fachlich deutlich zu machen, woran sich die Zielerreichung erkennen lässt. Soziale Arbeit muss ihre Leistungen und deren Erreichung definieren, erst im zweiten Schritt kann Controlling dazu führen, diese Messgrößen zu messen. Wichtig ist die Anbindung des Controllings an strategische Zielsetzungen eines Unternehmens, es geht nicht darum, um des Messens willen zu messen und Zahlen zu generieren, sondern darum, relevante Größen für die Steuerung eines Unternehmens zu identifizieren und für diese zu nutzen, im Dialog mit dem entsprechenden Fachpersonal.

Gängige Instrumente des Controllings sind im Bereich des strategischen Controllings das Benchmarking (Vergleich mit ähnlichen Organisationen), eine Portfolioanalyse (Analyse der Stellung des Unternehmens im Markt), die Balanced Scorecard (die „balancierte“ Kennzahlenkarte, die außer der Finanz- auch die Kunden, die interne und die Lern- und Entwicklungsperspektive analysiert) und die SWOT-Analyse (strengths (Stärken), weakness (Schwächen), opportunities (Chancen), threats (Bedrohungen) der Organisation. Im operativen Controlling werden die ABC-Analyse (Aufteilung unterschiedlicher Kunden bzw. Produkte z.B. je nach Anteil am Gewinn oder Umsatz), der Soll-Ist-Vergleich und eine Analyse des Deckungsbeitrags angewendet.

## 7.2 Evaluation

Evaluation als datenbasierte und systematische Beschreibung und Bewertung von Programmen hat eine wichtige Funktion gerade innerhalb von Feldern der Sozialen Arbeit und der Bildung. Mittels einer methodisch strukturierten Forschung werden Programme, Veranstaltungen und Aufgaben zumindest teilweise beschreib- und messbar gemacht, um sie zu verbessern (formative Evaluation) oder über ihren Fortbestand zu entscheiden (summative Evaluation). Eine solche Evaluation geht über Formen der Reflexion oder Auswertung hinaus und ist stärker regelgeleitet. Sie kann innerhalb oder von außerhalb einer Organisation (interne bzw. externe Evaluation) erfolgen und entweder durch die Handelnden selbst (Selbstevaluation) oder aber gegenseitig (Peerevaluation) oder durch fachfremde Personen (Fremdevaluation) erfolgen (vgl. Schneider 2008 und 2009).

Entsprechend den Standards der Gesellschaft für Evaluation (DeGEval 2010) ist bei dieser Form der Forschung auf Fairness, Nützlichkeit, Genauigkeit und Durchführbarkeit zu achten. Daher versteht es sich nahezu „von selbst“, dass bei einer Evaluation Betroffene von Anfang an zu Beteiligten werden und schon die Fragestellung einer Evaluation mit (einigen) relevanten Betroffenen besprochen und erörtert wird.

Die Evaluation blickt gleichermaßen mit der Lupe auf ein Programm und dessen Zielsystem und entwickelt darauf den Zweck und die Fragestellung der Evaluation. Entsprechend der Fragestellung werden dann die Datenerhebungsinstrumente entwickelt und eingesetzt. Nach der Analyse und Interpretation werden die Ergebnisse dieser Beschreibung und Bewertung dem Programm zugeführt und wirken dort fort. Idealerweise wird dadurch das Programm verbessert. Die Datenerhebungsinstrumente stammen aus der quantitativen oder der qualitativen Sozialforschung oder aber sie verbinden beide Forschungsparadigmen mittels einer so genannten Triangulation (der Forschungsgegenstand (als eine Ecke des Dreiecks) wird von zwei verschiedenen Perspektiven (z.B. Methoden [als die anderen beiden Ecken des Dreiecks]) betrachtet. Grundsätzlich sind als Methoden die Befragung, die Beobachtung und die Inhaltsanalyse einsetzbar.

Die Auswahl der Methode orientiert sich an dem jeweiligen Evaluationszweck.

> „Gerade wenn eine Organisation neu mit Evaluation arbeitet, ist es erforderlich, dass dabei Widerstände überwunden werden und Evaluation als positive Methode erfahren wird. Sind die Widerstände von Anfang an zu groß und besteht die Gefahr, dass Evaluation gegen den Willen einer Mehrheit mit Zwang durchgesetzt werden soll, wird es sinnvoll sein, keine Evaluation durchzuführen. Evaluation bedarf der Überzeugung einer Mehrheit und das gelingt am besten durch einen erfahrbaren Nutzen“ (Schneider 2008, 17).

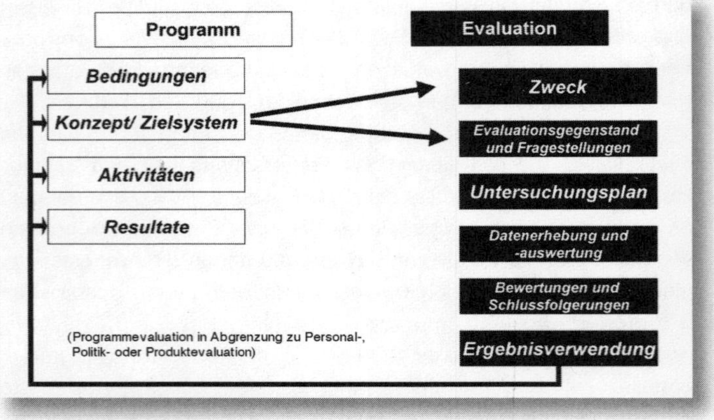


*Abbildung 8: Evaluation als Dienstleistung für das Programm (vgl. Beywl u.a. 2007, 6)*

Schritte einer Evaluation unterteilen Bewyl u.a. (vgl. 2007, 7) in Gegenstandsbestimmung, Informationsgewinnung und Ergebnisvermittlung:

- Gegenstandsbestimmung
  a) Mit Beteiligten Zwecke und Nutzen festlegen
  b) Gegenstand & Bedingungen sowie Fragestellungen klären
- Informationsgewinnung
  a) Untersuchungsplan festlegen
  b) Daten erheben & auswerten

- Ergebnisvermittlung
  a) schlussfolgern & bewerten
  b) Ergebnisverwendung einleiten.

Bei einer Evaluation geht es explizit meist um eine Bewertung des jeweiligen Programms, sie ist stets anwendungsbezogen und nicht als Grundlagenforschung zu begreifen. Gerade die Selbstevaluation ermöglicht es Fachkräften, mit kontrollierten Methoden ihr eigenes Handeln zu verbessern. König nennt hierzu wichtige Orientierungspunkte einer Selbstevaluation: Arbeitsfeldorientierung statt Grundlagenorientierung, Lebensweltorientierung statt experimentelle Orientierung, Subjektorientierung statt Verallgemeinerungsorientierung, Prozessorientierung statt Output-Orientierung, Selbstorganisation statt Expertendominanz (vgl. König 2007, 50 f.).

Evaluation kann im Bereich des Managements sozialer Einrichtungen eine wichtige Funktion zur Bewertung von Maßnahmen, Veranstaltungen und Einrichtungen haben, die der Erforschung der Sozialen Arbeit in der Praxis dient. Weiterhin kann sie als Selbstevaluation in den Händen von Praktikern die professionelle Arbeit fördern. In der letzteren Funktion sind jedoch institutionelle Rahmenbedingungen erforderlich, die Ressourcen für eine solche Erforschung zur Verfügung stellen.

Innerhalb von Managementfunktionen hat Evaluation beginnend von der Zielsetzung jeweils verschiedene Funktionen: Es geht der Evaluation

> „um eine Klarheit der Zielsetzungen, nur klare und messbare Ziele lassen sich beurteilen und bewerten. Es hilft, wenn Evaluierende bereits an diesem Prozess beteiligt sind und mit dazu beitragen, dass eindeutige und messbare Ziele formuliert werden. An dieser Stelle sollten auch Erwartungsgrößen angegeben und schriftlich festgehalten werden" (Schneider 2008, 22).

Evaluation kann im gesamten Verlauf eines Programms einen Nutzen stiften: Bei der Zielentwicklung, der Planung der Bewertung von Entscheidungsalternativen, der Methoden und Prozesse und schließlich der Bewertung von Ergebnissen (vgl. Schneider 2008).

Generell gilt: Eine Evaluation ist nur sinnvoll, wenn die Ergebnisse einer solchen auch eine realistische Chance zur Umsetzung haben.

Eine Organisation, die nicht an neuen Erkenntnissen und nicht am Lernen interessiert ist, wird sich nicht allein durch eine Evaluation verändern lassen.

## 7.3 Marketing

Eine wichtige Funktion einer sozialen Organisation ist das „Management" der verschiedenen Stakeholder, die Interessen unterschiedlichster Art an der Organisation haben. Neben den internen Stakeholdern, vor allem den Mitarbeitern, muss auch ein Blick auf externe Stakeholder wie Geldgeber, Spender, Sponsoren, Politik, Verwaltung, Adressaten der Arbeit, Mitbewerber usw. gerichtet werden. Wenn eine soziale Organisation in einer sich wandelnden Gesellschaft eine Position halten, erreichen oder stabilisieren will, so muss sie sich diesen Interessen stellen, besser noch diese Interessen in ihrem Sinne beeinflussen. Im weitesten Sinne geht es darum, Ideen so zu platzieren, dass aus ihnen Realitäten werden können.

Unter Marketing wird gemeinhin die Ausrichtung auf den Markt verstanden. In den klassischen Erwerbsunternehmen ging es in den „Absatzabteilungen" darum, die produzierten Güter „abzusetzen". Inzwischen hat das Markting vielfältigere Aufgaben, grob gesagt, die Umwelt des Unternehmens oder der Organisation im Sinne des Unternehmens zu gestalten oder zu beeinflussen. Dazu gehören so genannte public relations ebenso wie Einflussstrategien auf Politik oder andere Stakeholder im Sinne von Anspruchsgruppen der Organisation.

Im Bereich Sozialer Arbeit hat Marketing Einzug gefunden als Marktmechanismen wie Wettbewerb, der Kundenbegriff, Angebotserstellung u.Ä. auf dem „Sozialmarkt" installiert wurden. Marketing ist aufgrund der Besonderheiten in der Sozialwirtschaft nicht durch eine einfache Beziehung zwischen Anbieter und Nachfrager gekennzeichnet, sondern hier ist zum Beispiel die „Nicht-Schlüssigkeit der Austauschbeziehung" (u.a. Arnold 2009b, 551) von Bedeutung, da Nutzer und Zahler einer Dienstleistung meist unterschiedliche sind.

Sozialmarketing kann definiert werden als „[...] Planung, Organisation, Durchführung und Kontrolle von Marketingaktivitäten nichtkommerzieller Organisationen, die sich direkt oder indirekt mit der Lösung sozialer Aufgaben beschäftigen“ (a.a.O., 555). Ziele eines solchen Marketings können formaler Natur sein oder sachlicher Natur: „Unter Formalzielen des Marketings sind Ziele zu verstehen, die auf die Erreichung bestimmter monetärer Größen (z.B. Gewinn, Umsatz, Rentabilität) ausgerichtet sind. Sachziele dagegen sind Ziele, die auf die Befriedigung von Forderungen der Nachfrager Bezug nehmen“ (a.a.O., 575). Birzele und Thieme (2007, 69) sehen die Beschränkung von Sozialmarketing auf NPOs als nicht zielführend an und definieren Marketing daher weiter: „Sozialmarketing beschreibt das Marketing für soziale Güter durch Profit- und Non-Profit-Organisationen“. Zusammenfassend definieren sie: „Sozialmarketing ist eine menschliche Tätigkeit, die darauf abzielt, durch Austauschprozesse die Akzeptanz sozialer Güter aufzubauen bzw. sicherzustellen (Push) sowie nachfragegerechte soziale Güter zur Verfügung zu stellen“ (a.a.O.).

Unterscheiden lassen sich als längerfristige Planung das strategische Marketing und als kurzfristiges Gestalten das operative Marketing. Dementsprechend seien hier einige Felder des jeweiligen Marketings genannt (vgl. hierzu auch Birzele und Thieme 2007):

Strategisches Sozialmarketing:

- Marktforschung
- Analyseformen
    - Umfeldanalyse
    - Zielgruppenanalyse
    - Analyse der eigenen Situation
    - Analyse der Mitbewerber
    - Standortanalyse
    - Analyse der Stärken, Schwächen, Risiken und Chancen (SWOT-Analyse)
    - Portfolioanalyse.

Operatives Sozialmarketing

- Leistungspolitik
- Distributionspolitik
- Preispolitik
- Kommunikationspolitik
- Personalpolitik

- Prozesspolitik
- Ausstattungspolitik
- Verkaufsförderungspolitik.

Die wenigen genannten Punkte stellen dar, dass Marketing gefasst werden kann als eine weitreichende Gestaltung und Beeinflussung auch des Umfeldes der Sozialen Organisation unter der Zielsetzung sozialer Güter.

## 7.4 Weiterführende Literatur

Beywl, Wolfgang u.a. 2007: Evaluation Schritt für Schritt: Planung von Evaluationen, Münster

Birzele, Hans-Joachim/Thieme, Lutz 2007: Sozialmarketing, Schwalbach/Ts.

Halfar, Bernd 2009: Wirkungsorientiertes Controlling. In: Sozialwirtschaft 5/2009, S. 68

## 7.5 Fragen zu Kapitel 7

- Was ist der Unterschied zwischen Kontrolle und Controlling?
- Was sollte bei einem fachbezogenen Controlling in der Sozialen Arbeit beachtet werden?
- Nennen Sie die wichtigsten Schritte einer Evaluation?
- Was spricht dafür, Evaluation als Forschung zu klassifizieren, was spricht dagegen?
- Welche Funktionen hat Marketing innerhalb einer sozialen Organisation, welche Funktionen hat Marketing nach außen?

8

# 8. Knappheit managen: Finanzen und Wirtschaften

Wie ein privater Haushalt und wie ein Wirtschaftsunternehmen muss eine soziale Organisation rechnen und, zumindest auf längere Sicht, zur Sicherung des eigenen Bestandes mit dem Geld, das zur Verfügung steht, auskommen. Und dies ist meistens etwas knapper als die Wünsche und Bedürfnisse. Dabei gilt, je verschachtelter die Organisation, umso aufwändiger muss ein Rechnungswesen aufgebaut sein. Wenn ein Träger nur ein Jugendzentrum mit einem Mitarbeiter betreibt, lassen sich die Einnahmen und Ausgaben recht einfach berechnen und es wird schnell auf dem Konto des Vereins deutlich, ob er noch „schwarze Zahlen schreibt" oder das Konto deutlich überzogen hat. Komplizierter wird es, wenn besagter Verein mehrere Einrichtungen hat, vielleicht noch eine Altenhilfeeinrichtung, eine von der Stadt finanzierte Beratungseinrichtung und eine aus Landes- und Bundesmitteln finanzierte Modelleinrichtung für Menschen mit körperlichen Beeinträchtigungen. Am Kontostand des Vereines lässt sich nicht mehr allzu viel ablesen. Eine undifferenzierte Gesamtbuchhaltung zeigt nicht auf, in welcher der Einrichtungen ein Defizit „erwirtschaftet" wird, welcher

Einrichtungsleiter einen Gewinn erwirtschaft oder ob die Zuschüsse für den Erhalt der Modelleinrichtung genügen. Hier sind komplizierte Rechenwerke des betrieblichen Rechnungswesens erforderlich, die Kalkulationen vornehmen, den Stand der Finanzen jederzeit wiedergeben und dem Vorstand und auch den Leitungskräften Kriterien für deren Entscheidungen in die Hand geben können.

Beim betrieblichen Rechnungswesen handelt es sich um die Ökonomie, das Haushalten innerhalb eines Betriebes (eines Unternehmens oder einer Organisation). Im Bereich Sozialer Arbeit ist dabei das Sozialunternehmen Gegenstand der Betrachtung und zwar zunächst in der Darstellung der Vorgänge bezogen auf Geldgrößen. Es interessieren dabei weniger der Zweck der Organisation oder die Art der Dienstleistung, sondern mehr in Zahlen dargestellte Einzahlungen und Auszahlungen, Einnahmen und Ausgaben, Erträge und Aufwendungen, Leistungen und Kosten.

Die Darstellung der Zahlen ist für innen, den Betrieb selbst (internes Rechnungswesen) und für außen (externes Rechnungswesen, d.h. u.a. für das Finanzamt) von besonderer Bedeutung, geht es doch im Wesentlichen um die Dokumentation der Geschäftsvorgänge und um die Legitimation, z.B. der Verwendung von Mitteln. Ein Wohlfahrtsverband beispielsweise braucht selbst einen Überblick über die Geldgrößen, um Entscheidungen zu treffen, ob z.B. eine neue Einrichtung gebaut werden kann oder ob die Mittel für zu erwartende Personalkostenerhöhungen ausreichen. Er benötigt aber auch Zahlen, um Zuschussgebern, der Öffentlichkeit und dem Finanzamt darlegen zu können, was mit dem ihm anvertrauten Geld geschehen ist, ob dieses dem (gemeinnützigen) Zweck entsprechend verwendet wurde. Es wäre z.B. nicht dem Zweck entsprechend, wenn das meiste Geld für einen aufwändigen Betriebsausflug aufgewendet worden wäre oder bei der Spekulation mit zweifelhaften Wertpapieren oder im Spielkasino verschwunden wäre.

Wesentliche Bestandteile des betrieblichen Rechnungswesens sind:

- Buchführung und Bilanz
- Kosten- und Leistungsrechnung
- Statistik
- Vergleichs- und Planungsrechnung

Nachfolgend sollen besonders die ersten beiden Bereiche eine nähere Erläuterung erfahren.

## 8.1 Buchhaltung und Jahresabschluss

Die Buchhaltung ist zunächst nichts anderes als die Aufzeichnung aller geldgebundenen Vorgänge in einem Unternehmen oder einer Organisation. D.h. die Buchhaltung kann keineswegs alle Vorgänge eines Unternehmens beschreiben, sie bezieht sich auf einen kleinen Ausschnitt. Dazu existieren in den meisten Fällen gesetzliche Verpflichtungen, die u.a. auch bei einem gemeinnützigen Verein greifen. Grundsätze, welche die Mitarbeiter der Buchhaltung akribisch genau verfolgen wie z.B. „keine Buchung ohne Beleg" und die für manch eine andere Berufsgruppe sonderbar anmuten. Sie entspringen rechtlichen Vorgaben und haben schon bei der kleinsten Quittung über einen Wert von einem Euro das große Ziel der Transparenz und der Dokumentation aller Geschäftsvorgänge im Blick. Grundsätzlich gibt es verschiedene Möglichkeiten einer Buchführung, man kann die Ausgaben und die Einnahmen untereinander schreiben und dann zu einem Ergebnis kommen. Etwas aufwändiger ist das System der so genannten Kameralistik, das vor allem noch in öffentlichen Haushalten anzutreffen ist. Grundsätzlich geht es darum, dass meist für ein Jahr ein Haushalt geplant und dieser umgesetzt und Abweichungen von diesem Plan registriert werden. Bei dem vor allem in der Wirtschaft und in einzelnen Verwaltungen üblichen System der Doppik („Doppelte Buchführung in Konten") werden für jeden Vorgang mindestens zwei Buchungen getätigt. Dadurch sind, wie später erkennbar, weiter reichende Aussagen möglich, und Planungen und Abgrenzungen, die über ein Jahr hinausgehen. Im Folgenden wird stärker auf die Doppik eingegangen, die sich immer stärker durchsetzt.

Der Jahresabschluss ist quasi so etwas wie ein „Kassensturz", bei dem entweder der Stand des Vermögens und des Kapitals zu einem bestimmten Zeitpunkt (meist der 31.12. eines Jahres) festgehalten wird (Bilanz) oder aber die Geldflüsse innerhalb eines bestimmten Zeitraums (meist vom 1.1. bis 31.12. eines Jahres) betrachtet werden und eine Aussage darüber erfolgen kann, ob ein Gewinn oder ein Verlust zu verzeichnen ist (Gewinn- und Verlustrechnung).

Verglichen mit einem Privathaushalt kann die Bilanz vereinfacht auf der Seite der Aktiva als ein Blick auf alle Vermögensgegenstände bezeichnet werden. Hier wird der Frage nachgegangen, wo das Vermögen ist. In einem Privathaushalt würde eine Bilanz auflisten, wie viel Geld sich zu einem bestimmten Zeitpunkt in der Geldbörse befindet, auf dem Girokonto oder dem Sparbuch ist. Weiter würde danach gefragt, wo ein bestimmtes Vermögen von Gegenständen von einem gewissen Wert gebunden ist (z.B. Computer, Möbel, Auto, Haus, Grundstücke, Wertpapiere). Diese Aktivaseite sagt nur aus, dass dieses Vermögen zur Verfügung steht, sie gibt noch lange keine Auskunft darüber, wem diese Werte (auf der Aktivseite nennt man die Werte „Vermögen", auf der Passivseite „Kapital") gehören. Zum Beispiel kann das Auto, weil durch einen Kredit finanziert, noch „der Bank gehören" oder ein Teil des Geldes in der Geldbörse ein Vorschuss des Chefs sein.

Eine andere Auskunft gibt die rechte Seite der Bilanz, die Passivseite, hier ist die grundsätzliche Frage, wem das Kapital „gehört". Hier wird aufgelistet, was Eigenkapital und was Fremdkapital ist. In unserem Beispiel wäre hier erkennbar, dass noch ein Kredit zu zahlen wäre oder dass der Vorschuss zu diesem Zeitpunkt noch kein Eigenkapital ist. Die Bilanz ist also nichts anderes als eine Momentaufnahme, die in Zahlen wiedergibt, wo das Vermögen ist und wem das Kapital gehört. Da es sich um zwei verschiedene Ansichten des Gleichen handelt, sind die Summen die gleichen. Wenn man die Bilanz nur aus dem Bargeld einer Geldbörse erstellt, kommt bei beiden Betrachtungsweisen genau die gleiche Summe heraus. Die Zusammenfassung von Geschäftsvorfällen in einem sachlichen Zusammenhang nennt man Konto. Die einzelnen „Posten" der Bilanz bestehen aus so genannten Konten (z.B. „Kasse" oder „Eigenkapital"). In die Bilanz fließen aus der Buchhaltung die „Bestandskonten" ein, das sind Konten, die über das Jahr hinaus gebucht werden, also einen Bestand haben.

Die Gewinn- und Verlustrechnung listet alle Erlöse und Aufwendungen innerhalb eines Jahres auf, saldiert ergibt dies entweder einen Gewinn (mehr Erlöse als Aufwendungen) oder einen Verlust (mehr Aufwendungen als Erlöse). In die Gewinn- und Verlustrechnung fließen die Ergebnisse aus den so genannten „Erfolgskonten" der Buchhaltung ein. Diese Konten werden über das Jahr „bebucht" und werden mit dem Jahreswechsel auf Null gestellt. Im neuen Jahr wird z.B. das Erfolgskonto „Personalkosten" wieder mit den neuen Zahlen des neuen Jahres „bebucht". Der Zusammenhang zwischen der o.g. Bilanz und der Gewinn- und Verlustrechnung besteht vor allem in der Jahresabschlussbuchung. Während das Vermögen durch Inventur und Inventar klar in der Bilanz aufgelistet werden kann, fließt das Ergebnis der Gewinn- und Verlustrechnung in die Passivseite der Bilanz ein und mindert (Verlust) oder mehrt (Gewinn) das Eigenkapital. Somit sind durch die Jahresabschlussbuchung Bilanz und Gewinn- und Verlustrechnung miteinander verbunden.

Zusammengefasst kann ein Blick in die Bilanz nur Aussagen über die Vermögens- und Kapitalsituation liefern, ein Blick in die Gewinn- und Verlustrechnung sagt etwas über die Aktivitäten der jeweiligen Organisation aus. Hier ist erkennbar, ob und welche Personal- und Sachkosten eine Organisation hatte. Vor einer Bilanz muss ein Überblick über die Vermögensbestände erfolgen (Inventur), ergänzt um Schulden und Bewertungen (Inventar), fließt dieses Ergebnis in die Bilanz ein:

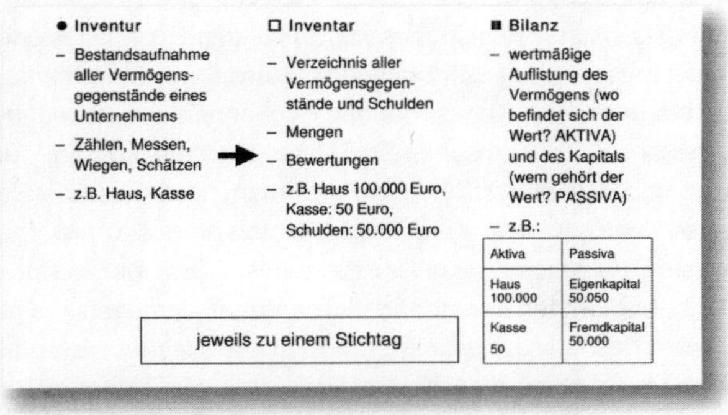


*Abbildung 9: Von der Inventur zur Bilanz*

Etwas komplizierter als diese kurze Erläuterung von Bilanz und Gewinn- und Verlustrechnung wird die Erläuterung der doppelten Buchführung (Doppik) oder auch kaufmännische Buchführung. Diese ist so aufgebaut, dass z.B. eine Quittung, die in der Finanzbuchhaltung eines Wohlfahrtsverbandes eingeht, mit mindestens zwei Buchungen in das Buchungssystem eingeht (mindestens deshalb, weil es auch möglich ist, eine Aufsplittung in zwei verschiedene Bereiche vorzunehmen, wenn z.B. auf der Quittung Ausgaben für Nahrungsmittel und Bürobedarf vermerkt sind). Dazu muss man sich vor Augen führen, dass es mehrere Konten in einer Buchhaltung gibt. Damit sind nicht unterschiedliche Bankkonten gemeint, sondern inhaltliche Zusammenfassungen von Einnahmen oder Ausgabearten. Z.B. wird es ein Konto Personalkosten geben und beispielsweise ein Konto Lebensmittel, schließlich gibt es für jeden Bereich der Bilanz ebenfalls Konten. Trotzdem können Softwaresysteme eine Bilanz oder eine Gewinn- und Verlustrechnung quasi mit einem Knopfdruck erstellen.

Zurück zu den Buchungen: mit jedem Vorgang der Buchung werden zwei dieser vielen Konten „angesprochen". Jedes Konto hat eine so genannte Soll- und eine Habenseite (nicht mit dem herkömmlichen Soll=minus und Haben=plus zu verwechseln), die Sollseite ist immer links, die Habenseite immer rechts. Bei jedem Buchungsvorgang werden immer Buchungen von „SOLL" an „HABEN" durchgeführt. Wird z.B. der Einkauf eines Bleistiftes im Wert von einem Euro (mit Bargeld, d.h. aus der Kasse) gebucht, lautet der „Buchungssatz" (man könnte dies auch als Buchungsauftrag an den Buchhalter oder das Buchhaltungsprogramm bezeichnen): „Kasse an Büromaterial 1 €". Je nachdem, welche Konten bei den Buchungen angesprochen werden, fließen die Ergebnisse in die Bilanz (Bestandskonten) oder die Gewinn- und Verlustrechnung (Erfolgskonten) ein. In unserem Beispiel wird das Konto „Kasse" ein Bestandskonto und das Konto „Büromaterial" ein Erfolgskonto sein. Der Bleistift wird am Jahresende kaum im Rechnungswesen erkennbar sein, sondern sich irgendwo in einer Minderung des Kassenbestandes und einer Ausgabe von Büromaterial niederschlagen. Eine vereinfachte Bilanz zeigt Abbildung 10.

Dabei ist eine bestimmte Ordnung vorgegeben, z.B. stehen auf der Aktivaseite die Vermögenswerte, je eher sie „flüssig" gemacht werden können, weiter unten.

| | AKTIVA | PASSIVA | |
|---|---|---|---|
| Anlagevermögen (über 1 Jahr) | Patente, Nutzungsrechte, Wertpapiere, Grundstücke, Betriebsausstattung | Eigenkapital, Rücklagen für bestimmte Zwecke, freie Rücklage | Eigenkapital |
| Umlaufvermögen | Vorräte, Forderungen, Sparbuch, Girokonto, Kasse | Zuschüsse, Hypothekendarlehen, Überstundenrück-stellungen, Verbindlichkeiten, Dispokredit | Fremdkapital |
| | Wo ist das Vermögen? | Wem gehört das Kapital? | |

*Abbildung 10: Die Bilanz*

## 8.2 Kosten- und Leistungsrechnung

Die Kosten- und Leistungsrechnung gehört zum internen Rechnungswesen und dient daher zur Steuerung, Information u.a. der Kalkulation von verschiedenen Produkten oder Leistungen innerhalb eines Unternehmens/einer Organisation. Gerade der Leistungsbegriff wird in der Betriebswirtschaft nicht einheitlich verwendet, weshalb meist nur von der Kostenrechnung die Rede ist. Schultz weist auf den Ursprung hin: „Ursprünglich wurden in der Betriebswirtschaftslehre ‚Leistungen' als Gegenbegriff zu ‚Kosten' definiert; in Analogie zum Kostenbegriff [...] bildeten Leistungen eine bewertete, sachzielbezogene Gütererstellung" (2008, 256). Um diese Gegenüberstellung zwischen der Bewertung der Herstellung, der Leistung, und den dafür erforderlichen Kosten deutlich zu machen, soll hier im Weiteren von der Kosten- und Leistungsrechnung die Rede sein. In der Sozialen Arbeit muss wie in anderen Bereichen betont werden, dass den Kosten Leistungen gegenüberstehen. Hengsbach weist darauf hin, dass in der betriebswirtschaftlichen

| | | |
|---|---|---|
| **Kostenarten:**<br>* Sachkosten Büromaterial, Ausstattung<br>* Personalkosten<br><br>**Wofür fallen Kosten an?**<br><br>*Beispiel Kindergarten: Spielmaterial, Personalkosten* | **Kostenstellen:**<br>* Einrichtung A<br>* Einrichtung B<br><u>oder:</u><br>* Veranstaltung A<br>* Veranstaltung B<br><br>**Wo fallen die Kosten an?**<br><br>*Beispiel Kindergarten: Gruppe A (Spielmaterial, Personalkosten, Umlage Gemeinkosten), Gruppe B (…)* | **Kostenträger:**<br>* Fachleistungs - stunde <u>oder</u><br>* Tages -/Monats - kosten pro Platz in einer Einrichtung<br><br>**Für welche Leistung wird gezahlt? (Kalkulation)**<br><br>*Beispiel Kindergarten: monatliche Betreuung pro Kind* |

*Abbildung 11: Zusammenhänge in der Kosten- und Leistungsrechnung*

Wertschöpfungsberechnung nur das finanzielle Ergebnis als Gewinn, den es zu maximieren gelte, ausgeführt wird, und Arbeitsvermögen, Gesellschaftsvermögen und Naturvermögen als Kosten, die es zu minimieren gelte, beschrieben werden. Es gelte Einkommen und Vermögen ausgewogen zu verteilen (vgl. Hengsbach 2009).

Die Kosten- und Leistungsrechnung geht von dem Zahlenwerk der Buchhaltung aus und besteht im Wesentlichen aus der Kostenartenrechnung, die danach fragt, welche Kosten angefallen sind, der Kostenstellenrechnung, die fragt, wo die Kosten angefallen sind und der Kostenträgerrechnung, die fragt, wofür die Kosten angefallen sind.

Konkret bedeutet dies z.B. für eine soziale Organisation, dass im Laufe eines Jahres für verschiedene Bereiche Ausgaben getätigt werden, für Personalkosten oder für Sachkosten, diese sind meist nach den Erfordernissen der jeweiligen Organisation gegliedert, bei den Sachkosten einer Kindertageseinrichtung wird es z.B. Kostenarten wie Spielmaterial, Bastelmaterial, Ausflugskosten, Bewirtungskosten u.Ä. geben. Diese Art der Kostenrechnung ist die Kostenartenrechnung, die in der Buchhaltung meist genau erkennbar ist. Externen und internen Personen ist ersichtlich, welche Kosten die Organisation in den einzelnen Bereichen hatten. Besteht die Organisation nur aus dieser einen Kindertagesstätte, ist die Kostenartenrechnung auch weitgehend identisch mit der Kostenstelle dieser einen Kindertagesstätte. Sobald die Organisation aber komplexer ist und aus mehreren Einheiten, z.B. aus einer Beratungsstelle, einem Pflegeheim und einem Stadtteilbüro besteht, wird es bedeutsam, zu wissen, in welcher der vier Einrichtungen die Kosten angefallen sind bzw. wie sich gemeinsame Kosten (z.B. des Vorstandes, der Buchhaltung und der Geschäftsführung) auf die einzelnen Einrichtungen „umlegen" lassen. Es werden sich kaum Finanzgeber finden lassen, die daran interessiert sind, die Vorstandsarbeit oder die Buchhaltung eigens zu bezahlen, sondern sie bezahlen für die Leistung einer Beratungsstelle oder eines Pflegeheims. Selbst wenn der Vorstand bescheiden ist, es entstehen Kosten z.B. für dessen Leistungen (oft Overheadkosten genannt) und diese müssen gedeckt werden. Während sich z.B. Sachkosten für Spielmaterial im genannten Beispiel klar der Kindertagesstätte und Inkontinenzmaterial klar dem Pflegeheim zuordnen lassen, ebenso das dort tätige Personal, muss bei anderen Kosten, z.B. Heizkosten in einem Haus, in dem alle Einrichtungen untergebracht sind, Hausmeisterkosten oder Reinigungskosten ein Schlüssel gefunden werden, der möglichst realitätsbezogen die Kosten auf die einzelnen Einrichtungen verteilt. Mögliche Schlüssel sind z.B. Raumgrößen, Umsatzgrößen, Anzahl der Mitarbeiter oder Anzahl der betreuten Personen usw. Der Schlüssel für die Umlage von solchen Gemeinkosten ist jeweils festzulegen, dabei spielen auch Abwägungen einer möglichen Finanzierung eine Rolle.

Bei der Kostenträgerrechnung geht es darum zu fragen, für welche Leistung ein „Kunde" bzw. Geldgeber zahlt und alle Kosten auf diese Leistung zu beziehen. Ein Autohersteller beispielsweise hat verschiedene Werke und unterhält eine subventionierte Betriebskantine und macht sicherlich auch einen großzügigen Betriebsausflug. Der Kunde ist aber nicht daran interessiert, das Essen der Mitarbeiter oder einen Betriebsausflug zu zahlen, sondern der Kunde möchte ein Auto kaufen und will auch nur dafür Geld ausgeben. Also finden sich Anteile für den genannten Essenszuschuss und den Betriebsausflug im Fahrzeugpreis. Der Fahrzeughersteller wird seine Kalkulation (u.a. die Gewinnspanne) nicht gegenüber dem Kunden offen legen. Übertragen auf die Soziale Arbeit zahlt ein Landkreis bei einer Erziehungsberatungsstelle nicht für die Dienstbesprechung oder die Supervision, sondern für die Leistung der Erziehungsberatung, entweder in einer Pauschale oder in Abhängigkeit von der Anzahl der Beratungsstunden oder der Zahl der beratenen Personen. Kostenträger ist also entweder die Pauschale, die Beratungsstunde oder die beratene Person. In diesem Kostenträger finden sich (wenn richtig kalkuliert wurde!) Anteile für die Dienstbesprechung und für die Supervision wieder, ohne dass dies dem Landkreis direkt in der Kalkulation deutlich wird.

## 8.3 Finanzierung

Als Beschaffung finanzieller Ressourcen liegt die Finanzierung jeder Form Sozialer Arbeit zu Grunde. Die Besonderheit im sozialen Sektor sind Mischfinanzierungen aus unterschiedlichen „Finanztöpfen" und der Umgang mit ganz unterschiedlichen Richtlinien und Bestimmungen zur Verwendung von Mitteln. Während Eigenmittel oder durch Spenden oder Fundraising eingeworbene Mittel in aller Regel im Rahmen der Zwecksetzung frei verwendet werden können, sind an Zuschüsse bestimmte Bedingungen gebunden, die genau einzuhalten sind. Schließlich ist die Verwendung von Mitteln immer genau nachzuweisen.

Gebräuchlich ist der Begriff des Finanzmanagements „als die zielgerichtete Gestaltung und Steuerung sämtlicher Aktivitäten, die auf eine kurz-, mittel- und langfristige Sicherung des finanziellen Gleichgewichts einer Sozialen Einrichtung oder Dienstes abstellen (funktionale Definition)" (Pracht und Wolke 2009, 497 f.). Schellberg (2008a, 175) macht auf einen zentralen Unterschied zwischen der Finanzierung im betriebswirtschaftlichen und im sozialwirtschaftlichen Sinn aufmerksam: „Während sich die betriebswirtschaftliche Finanzierung auf die Kapitalbeschaffung und Investition konzentriert, muss sich die sozialwirtschaftliche Finanzierung zentral mit der Frage der Refinanzierung der erbrachten Leistungen befassen". Jedoch sind beide Finanzierungsformen für Soziale Organisationen von Bedeutung.

Das so genannte sozialwirtschaftliche Dreiecksverhältnis zeigt die Besonderheit der Sozialwirtschaft auf.

Der Nutzer einer Leistung und der Finanzgeber für diese Leistung sind meist nicht identisch. Der Leistungserbringer (z.B. der Pflegedienst) erbringt für den Nutzer (hier: den Pflegebedürftigen) eine Leistung, die „ein Dritter“ (hier: die Pflegeversicherung) zahlt. Selten hat der Nutzer einer sozialen Dienstleistung eine direkte Verbindung zum Finanzgeber, meist wird eine soziale Dienstleistung von einem Anbieter erbracht, der sich über einen Finanzgeber (re)finanziert. Wenn in der Sozialwirtschaft von einem Kunden die Rede ist, wird an diesem Dreiecksverhältnis deutlich, dass im Grunde der Dienstleistungsanbieter zwei Kunden dient, der eine Kunde zahlt die Leistung, der andere Kunde nutzt die Leistung. Daran wird auch erkennbar, dass es einer Überprüfung der Qualität bedarf: eine mit dem Geldgeber vereinbarte Leistung zu einem günstigen Preis sollte auch beim Nutzer in der notwendigen Qualität ankommen. Spielen beim Geldgeber nur monetäre Kriterien eine Rolle, kann es zu einer schlechten Qualität sozialer Dienstleistungen kommen.

Die Quellen zur Finanzierung sind in der Sozialwirtschaft sehr vielfältig und reichen von Nutzungsentgelten über Zuwendungen, Zuschüsse, Vermögenserträge, Steuermittel bis hin zu Mitgliedsbeiträgen und Bußgeldern (vgl. Pracht und Wolke 2009, 507). Besondere Formen der Finanzierung sind Sponsoring und Fundraising, auf die später einzugehen ist.

Neben den Quellen unterscheiden sich die Finanzierungsformen: Für eine Beratungsstelle kann es z.B. grundsätzlich eine institutionelle Vollfinanzierung (Objektförderung) geben (das Bundesland z.B. finanziert alle Kosten, die für eine Beratungsstelle anfallen) oder eine Teilfinanzierung (mit einem festen Betrag, einem bestimmten Prozentsatz oder zur Deckung eines Defizits). Eine Beratungsstelle kann aber auch entsprechend einer abzurechnenden Leistung finanziert werden (Entgeltfinanzierung) (z.B. in dem das Land oder die Kommune feste Sätze pro Beratungsstunde mit dem Träger vereinbart). Auch eine solche Finanzierung kann voll oder nur teilweise erfolgen. In den bisher genannten Fällen wird der Anbieter der Leistung „bezahlt“. Eine andere Möglichkeit (auch zur Überwindung von Schwierigkeiten des sozialwirtschaftlichen „Dreiecks“) ist die Ausstattung der Nutzer mit Geldmitteln, was im Bereich der Menschen mit Behinderung dem „persönlichen Budget“ entspricht. Die Idee, die dahintersteht, ist zum einen die der Stärkung der Kunden- bzw. Konsumentensouveränität: der Mensch soll selber entscheiden, für welche Leistung er/sie bei welchem Anbieter zahlt. Der oft geäußerte und nie ganz von der Hand zu weisende Verdacht dahinter ist der, dass dadurch einfach Gelder eingespart bzw. gekürzt werden können. Dienstleister benötigen weniger Overheadkosten zur Organisation (aber auch mehr Geld für das Marketing und die Akquise), anwaltschaftliche Funktionen der Dienstleister werden nicht mehr finanziert und Mittelkürzungen sind zumindest theoretisch einfacher zu bewerkstelligen, wenn Geldbeträge nicht mit leistungsstarken Verbänden, sondern mit einzelnen und abhängigen Personen verhandelt werden. Schellberg (vgl. 2008b) sieht in allen drei Finanzierungsmodellen nicht nur politische und historische Phänomene, sondern auch unterschiedliche ökonomische Wirkungen über die reine Finanzsphäre hinaus. Jede Form hat z.B. ihre eigene Prinzipal-Agent-Problematik: Bei der Objektförderung kann es zur Neigung kommen, möglichst wenig Leistungen zu erbringen, bei der Entgeltfinanzierung dazu möglichst viele Leistungen abzurechnen, das persönliche Budget kann dazu verleiten, dass es nicht im Sinne der Sozialpolitik genutzt wird (vgl. Schellberg 2008a, 211 f.).

Nachfolgend werden die unterschiedlichen Finanzierungsformen dargestellt. Zu erwähnen sind auch unterschiedliche Formen der Entgeltfinanzierung, so kann nach Anzahl der Fälle eine Finanzierung erfolgen oder nach einer vereinbarten Leistung (z.B. Eingliederung in den Arbeitsmarkt), wobei auch bei dieser Leistung unterschieden werden kann zwischen einem direkten Ergebnis und einer nachhaltigen Wirkung. Eine Ausnahme im Bereich der Sozialen Arbeit ist die direkte Selbstfinanzierung von Leistungen durch den Nutzer.

Nach den Finanzierungsquellen und den grundlegenden Finanzierungsmodellen sollen noch unterschiedliche Instrumente des Finanzmanagements eine Betrachtung erfahren: Wichtig sind Planungsinstrumente wie der Investitions-, der Finanz- und der Liquiditätsplan. Finanzielle Ressourcen müssen bei Investitionen bereitstehen, Bedarfe für den laufenden Betrieb müssen ermittelt werden und schließlich muss dafür Sorge getragen werden, dass das Unternehmen jederzeit zahlungsfähig ist (vgl. Schellberg 2008b, 180).

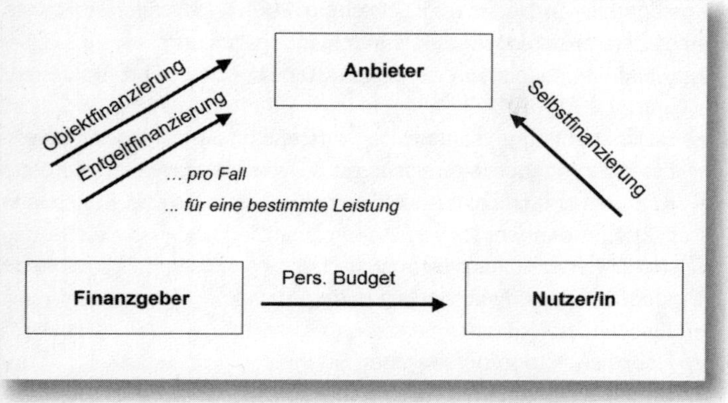


*Abbildung 12: Sozialwirtschaftliche Finanzierungsformen*

Aus betriebswirtschaftlicher Sicht existieren grundsätzlich zwei Finanzierungsformen, die Innen- und die Außenfinanzierung. Bei der Außenfinanzierung kommt das Kapital von außerhalb des Unternehmens (z.B. durch Kredite [eine besondere Form ist das Leasing als Möglichkeit des Mietens eines Vermögensgegenstandes], Beteiligungen [z.B. bei einer GmbH durch Aufnahme eines neuen Gesellschafters] [oder Subventionen]). Bei der Innenfinanzierung kommt das Kapital von offenen oder verdeckten Gewinnen, aus Abschreibungen und Rückstellungen oder aus Umschichtungen von Vermögensgegenständen, z.B. durch den Verkauf von Grundstücken (vgl. Pracht und Wolke 2009, 513 ff.).

Im sozialwirtschaftlichen Bereich existieren besondere Finanzierungsformen, so z.B. die Finanzierung durch einen öffentlichen „Kostenträger"[1], direkt durch den Empfänger von Leistungen, durch Spenden, die Befreiung von Steuern (Gemeinnützigkeit) sowie ähnliche Möglichkeiten (vgl. Schellberg 2008a, 196). Die Finanzierung erfolgt durch einen Finanzierungsmix (z.B. unterschiedliche „Geldgeber" werden genutzt). So kompliziert eine solche Finanzierungsform ist, so birgt sie doch auch Vorteile, da die Abhängigkeit von nur einem

1 Der Begriff wird unterschiedlich genutzt. Wie im Bereich der Kosten- und Leistungsrechnung beschrieben, geht es dort um die Einheit, für die gezahlt wird, bei der Finanzierung meint Kostenträger den Finanzgeber.

Kostenträger vermieden wird. Schellberg (2008a, 198) sieht die Vorteile einer Differenzierungsstrategie in folgenden Punkten:

- „Unabhängigkeit von einzelnen Kapitalgebern und Kostenträgern;
- Risikostreuung und Ausgleich von Zahlungsungleichgewichten;
- Finanzierungsquellen müssen nur teilweise erschlossen werden;
- Komplementarität einzelner Finanzierungsquellen (z.B. Zuschüsse erfordern den Einsatz von Eigenmitteln“.

Zu beachten sind nach Pracht und Wolke (2009, 522) folgende Tendenzen für die Finanzierung in der Zukunft:

- „Leistungsorientierte Finanzierung
- Finanzierung von persönlichen Budgets
- Regionalisierung der Finanzierung
- Aufweichung des Primats der freien Träger“.

Als neuere und verheißungsvolle Finanzierungsformen werden Sponsoring und Fundraising beschrieben. Sicherlich sind beide Finanzierungsformen in der Sozialwirtschaft in ihren Potentialen noch nicht voll ausgeschöpft, dennoch sind die Erwartungen an diese Möglichkeiten oft überzogen.

Sponsoring ist ein Geschäft auf Gegenseitigkeit, beide Seiten wollen profitieren: Sponsert ein lokaler Getränkehersteller das Jugendhilfezentrum, so erhält Letzteres z.B. günstigere Getränke oder Werbematerial, der Getränkehersteller wird mit der „guten Tat“ des Jugendhilfezentrums in Kontakt gebracht und gewinnt „Sympathiepunkte“, die sich im stärkeren Verkauf von Getränken niederschlägt. Aus dieser Beziehung auf Gegenseitigkeit erwachsen unterschiedliche, teils auch vertraglich festgehaltene Erwartungen, die ggf. auch die Gestaltungsfreiheit der sozialen Einrichtung beschränken. Aus steuerlicher Sicht kann dieses Geschäft zu Problemen führen, die Urselmann (2009, 528) beschreibt: „Aus Sicht der Finanzbehörden verlässt eine NPO nämlich den Bereich der (steuerlich bevorzugten) Gemeinnützigkeit, sobald sie Geschäfte auf Gegenseitigkeit (mit marktadäquater materieller Gegenleistung) mit kommerziellen Unternehmen abwickelt. Sie betritt dann den steuerlichen Bereich des so genannten „wirtschaftlichen Geschäftsbetriebes“, der eine normale Steuerpflicht auf erwirtschaftete Erträge nach sich zieht“.

Jedoch gelten auch Ausnahmen je nach Art der Gegenleistung (vgl. Urselmann a.a.O.).

Beim Fundraising handelt es sich um die Beschaffung von Ressourcen jeglicher Art: „Nicht nur finanzieller Ressourcen, wie eine enge wörtliche Übersetzung des Substantivs ‚Fund' (Geld, Kapital) und des Verbs ‚to raise' (etwas aufbringen, beschaffen) nahelegt. Über Geldleistungen hinaus, umfasst Fundraising genauso auch die Beschaffung von Sach- und Dienstleistungen" (vgl. a.a.O., 525). Unterschieden werden ganz unterschiedliche Bereitsteller dieser Ressourcen: Privatpersonen, Unternehmen, Stiftungen und staatliche Institutionen (vgl. a.a.O., 527 ff.). Dabei wird z.B. bei Privatpersonen von einer Spenderpyramide ausgegangen, deren Spitze das Vermächtnis des Stifters darstellt (vgl. a.a.O., 531). In der Philosophie des Fundraisings geht es darum, gezielt über Rückmeldungen an Erstspender aus diesem Mehrfachspender, Dauerspender und schließlich Großspender zu machen. Dabei werden auch gezielt ausgebildete Fundraiser eingesetzt, die durch eine dauerhafte Beziehungsarbeit mit potentiellen Spendern den Boden für eine positive Entscheidung zu Gunsten der Organisation bereiten. Dabei werden Netzwerke eingesetzt, denn die wirklich großen Spender scheuen in aller Regel die Öffentlichkeit und lassen sich nicht durch einfache „Mitleidsschreiben" oder penetrante Anwerbung zu einer Spende veranlassen. Unternehmen setzen in der Regel auf das oben schon beschriebene Sponsoring, um auch einen Gewinn für ihr Unternehmen mit dem Einsatz ihres Kapitals zu erreichen. Stiftungen sind Vermögensmassen, die für einen Zweck errichtet wurden. Eine große und wachsende Zahl von Stiftungen bringt zum einen für den Stifter steuerliche Vorteile, zum anderen für die Nutzer der Stiftung wirtschaftliche Vorteile. Staatliche Institutionen haben Förderrichtlinien, die es zu beachten gilt, meist handelt es sich um Zuschüsse und Subventionen verschiedenster Art.

Ein aus der Privatwirtschaft übernommenes Finanzierungsmodell ist die Investition in soziale Organisationen in Form des „Venture Philanthropy", mit ähnlichen Kriterien, wie Risikokapital an Firmengründer vergeben wird. Hier wird ein „philanthropisches Wagnis" mit entsprechendem Kapital unterstützt, meist ist ein mehrjähriges Engagement vorgesehen mit einer maßgeschneiderten Finanzierung, die das Ziel hat, dass die soziale Organisation nach dieser Zeit das Engagement selbst finanzieren kann: „Venture philanthropy is a field of philanthropic activity where private equity/venture capital models are applied in the nonprofit and charitable sectors" (European Venture Philanthropy Association 2009). Wichtig bei dieser Form der Finanzierung ist den Kapitalgebern eine Erfolgs- und Wirkungsmessung. Messbare Zielgrößen werden sowohl für die Managementleistung als auch für die Etappenziele vereinbart. Der Geldgeber möchte eine Mitsprache und Beteiligung an dem sozialen Unternehmen und ist in der Regel auch in den Geschäftsführungsgremien mit Sitz und Stimme vertreten (vgl. Schnurbein 2009).

Zwar sind die Mittel des Fundraisings oder des Venture Philanthropy in der Sozialen Arbeit bei weitem noch nicht ausgeschöpft und im Vergleich z.B. zu den USA eher unterentwickelt. Doch birgt deren Ausbreitung die Gefahr, dass eher die Interessen von privaten Geldgebern bei der Gestaltung der Sozialen Arbeit berücksichtigt werden. Demokratische Prozesse und der sozialpolitische Anspruch einer Schaffung vergleichbarer Lebensverhältnisse für alle verlieren dann an Bedeutung. Schließlich lassen sich nicht für alle sozialpolitischen Aufgaben private Finanzgeber finden. Gerade beim Sponsoring entscheiden letztlich Gewinnmaximierungsstrategien eines Unternehmens über den Einsatz von Mitteln und die Wichtigkeit verschiedener sozialpolitischer Aufgaben, was aus demokratischer und gemeinwohlorientierter Sicht bedenklich ist.

## 8.4 Kennzahlen und Messgrößen

Kennzahlen und Messgrößen für den Erfolg eines Unternehmens oder eines Trägers der Sozialen Arbeit sind nicht nur die dargestellten Sachverhalte der Finanzflüsse oder des Rechnungswesens. Selbst in den Zusammenhängen der Wirtschaft werden zum Messen mittlerweile auch andere Größen zu Rate gezogen wie beispielsweise Zahlen zur Kundenzufriedenheit, zur Entwicklung und ähnliche Daten. Dabei stellt sich wie bei den Finanzkennziffern immer die Frage, ob die Zahlen und Daten auch das messen, was sie messen sollen. Eine relativ neue Idee eines Kennzahlensystems ist das der Balanced

Scorecard (ausbalanciertes Kennzahlensystem), das aus vier verschiedenen Bereichen von Kennzahlen existiert und vielfach Anwendung erfahren hat. Die Idee dahinter ist: „Man bekommt das, was man misst" (Crainer 1999, 104). Es soll dabei um Messgrößen gehen, die aufeinander bezogen sind, vor- und nachrangige Indikatoren sind zu berücksichtigen und mit finanziellen Kennziffern zu verknüpfen (vgl. a.a.O., 105). Die gängigen vier Bereiche sind Finanzen, Mitarbeitende, Kunden und das Lernen.

### Balanced Scorecard

Laut Moos (2004, 196 f.) sind folgende fünf Schritte für die Einführung einer Balanced Scorecard von Bedeutung:

„Schritt 1: Entwicklung einer Unternehmensvision, die als Strategie für das Unternehmen formuliert wird. [...]

Schritt 2: Vision und Strategie werden den Mitarbeitern vermittelt und in den Sozialmarkt kommuniziert. [...]

Schritt 3: Auf Unternehmensebene – und dann auf einzelnen Organisationsebenen – werden die strategischen Ziele in Balanced Scorecards umgesetzt. [...]

Schritt 4: Feedback und Initiierung von Lernprozessen. [...]

Schritt 5: Umsetzung in Managementfunktionen".

Die Einführung einer Balanced Scorecard hat viel mit der Beteiligung von Mitarbeitern und der systematischen Entwicklung von Kennzahlen zu tun.

Moos folgert für soziale Organisationen:

- „Die „Balanced Scorecard" ist auch für soziale Organisationen ein bedeutsames und interessantes strategisches Management und Controllinginstrument.
- Die Strategie einer sozialen Organisation bildet den Grundstein und ist damit die Voraussetzung für die erfolgreiche Umsetzung des Ansatzes der Balanced Scorecard.
- Die Einführung einer Balanced Scorecard verlangt eine Verknüpfung des fachlichen und des betriebswirtschaftlichen Controllings.
- Die Beschränkung auf wenige relevante Steuerungsgrößen ist, insbesondere im Hinblick auf den Aufbau eines Berichtswesens,

entscheidend für die erfolgreiche Einführung der Balanced Scorecard.
- Für die Einführung und Umsetzung der Balanced Scorecard ist ausreichend Zeit einzuplanen. Wer sich für die Einführung dieses Instrumentes entscheidet, sollte vor allem viel Zeit für die Erhebung der Kennzahlen und für die inhaltliche Diskussion zur Verfügung stellen" (Moos 2004, 201).

Auch Qualitätsmanagementssysteme messen die Qualität eines Unternehmens oder einer Organisation längst nicht mehr nur an Hand von Zahlen aus dem Rechnungswesen, sondern bedienen sich, wie das Modell der European Foundation for Quality Management (EFQM, ausführlicher in Kapitel 9.3), zahlreicher Größen, die ein Unternehmen beschreiben.

Zahlen und Daten geben eine Abstraktion der Wirklichkeit wieder und stellen nur eine relative Annäherung an diese dar. Wird z.B. die Arbeitszufriedenheit an der Anzahl der Krankheitstage der Mitarbeiter festgemacht, so kann eine solche Rechnung beispielsweise übersehen, dass in dem Unternehmen vergleichsweise viele ältere Menschen beschäftigt sind, die vermutlich mehr Krankheitstage haben (oder eben auch nicht!) als in einem vergleichbaren Unternehmen. Oder eine geringe Zahl von Krankheitstagen kann auf Angst vor dem Arbeitsplatzverlust basieren und wirkt sich erst mittelfristig negativ auf das Unternehmen aus (mehr Fehler bei der Arbeit, „verschleppte Krankheiten" führen zu größeren Ausfällen, Arbeitnehmer mit Grippe stecken andere an usw.). D.h. Kennzahlen und Messgrößen müssen immer auf ihren Gehalt hin überprüft werden und auf die Grenzen ihrer Aussagefähigkeit.

## 8.5 Soziale Ergebnisse und Gewinne

Es gibt einige Ansätze in der betriebswirtschaftlichen und volkswirtschaftlichen Rechnung, die Leistung Sozialer Arbeit in Rechenmodelle zu bringen, die die Wohlfahrtsproduktion benennen und über die üblichen betriebswirtschaftlichen Rechenmodelle hinausgehen. „Gewinne" im Bereich Sozialer Arbeit lassen sich in den wenigsten Fällen als Gewinne eines Unternehmens darstellen, sondern müssen von ihrem Selbstverständnis heraus als Gewinne für den Einzelnen und für die Gesellschaft erfasst werden. Tracht (2009, 537) weist darauf hin, dass qualitative Aspekte bei Bilanzen unberücksichtigt bleiben: „Für immaterielle Werte gibt es zumeist keinen natürlichen Markt, auf dem sie gehandelt werden, auch weil ihr Gegenwert sich nicht ausschließlich in Geld bemisst. Eine konkrete Preiszuweisung und damit die Feststellung ihrer Relevanz sind daher nur schwer möglich". Ansätze sind Sozialbilanzen, Wissensbilanzen und der Social Return on Investment (SROI) (vgl. Tracht 2009).

Eine Idee, die Eingang in Sozialbilanzen gefunden hat, ist die des Sozialkapitals. Ursprünglich wurde der Begriff sowohl von Bourdieu (vgl. 1983) als „soziales Kapital" im Sinne einer individuellen Ressource, die sich aus Beziehungen zu anderen ableitet, und von Putnam (1993) als kollektives Gut geprägt. „Eines der stärksten Argumente der Theoretiker des Dritten Sektors ist die These, die gemeinwirtschaftliche Sozialwirtschaft produziere Sozialkapital" (Schulz-Nieswandt 2009, 88).

> „Würden diese Unterstützungs-, Integrations- und Personalisierungseffekte nicht durch die Sozialwirtschaft produziert, so müsste bei hinreichender öffentlicher Wertschätzung der Staat als alternative Gewährleistung organisieren oder sie selber leisten. Die Produktionsfunktion der Sozialwirtschaft ist daher von ihrem Ziel wie von ihrer Inklusionspraxis her gesehen ‚sozial', d.h. von gesellschaftlich hoch geschätzter Relevanz" (a.a.O.).

Sozialkapital ist jedoch keineswegs eindeutig definiert, teilweise wird es als Rücklage im Bezug auf soziale Verpflichtungen eines Unternehmens (vgl. Gabler Wirtschaftslexikon 2005, 2708) oder als das in einer Gesellschaft vorherrschende Vertrauensklima (Richter und Furubotn 2003, 591) oder als von einer Gruppe von Mitgliedern getragene informelle Regeln (Normen und Werte) verstanden. Eine Entwicklung des Begriffs des Sozialkapitals als qualitativer und nicht nur quantitativer Ausdruck für Werte, die in herkömmlichen Wirtschaftsberechnungen fehlen, wäre wünschenswert.

Eine ähnliche Richtung stellen Wissensbilanzen dar: „Konkrete Ansätze, immaterielle Werte als Bestandteil der Wertschöpfungskette einer Organisation zu erfassen, finden sich in der Diskussion um intellektuelles Kapital (Wissen, Informationen, Erfahrungen) wieder“ (Tracht 2009, 538).

Der Social Return on Investment (SROI) als Darstellungsform von finanziellen und sozialen Rückflüssen einer Investition (vgl. a.a.O., 539) wurde vertieft für die Soziale Arbeit im Kapitel 3.3 beschrieben, er ist natürlich darüber hinaus für alle Organisations und Unternehmensformen sinnvoll anwendbar. Es wäre gut, die sozialen Ergebnisse einer jeden Unternehmung transparent darzustellen.

## 8.6 Weiterführende Literatur

Moos, Gabriele/Peters, André 2008: BWL für soziale Berufe, München

Schellberg, Klaus 2008a: Betriebswirtschaftslehre für Sozialunternehmen, 3. überarbeitete Auflage, Augsburg

Urselmann, Michael 2009: Fundraising. In: Arnold, Uli/Maelicke, Bernd (Hrsg). Lehrbuch der Sozialwirtschaft, 3. Auflage, Baden Baden: S. 525-549

## 8.7 Fragen zu Kapitel 8

- Was ist der Unterschied zwischen einer Bilanz und einer Gewinn- und Verlustrechung?
- Erläutern Sie an einem Beispiel aus Ihrer Praxis, wie aus einer Kostenarten- eine Kostenstellen- und schließlich eine Kostenträgerrechnung werden kann!
- Was sind die Besonderheiten sozialwirtschaftlicher Finanzierung?
- Welche Ansätze „soziale Ergebnisse“ in Zahlen zu fassen, gibt es?

# 9. Herausforderungen: Besondere Managementbereiche

## 9.1 Projektmanagement

Projektmanagement ist die systematisierte Gesamtheit des Umgangs mit den Unsicherheiten eines in die Zukunft gerichteten Vorhabens. Projektmanagement wird forciert, wenn es um schwierige Aufgaben außerhalb der normalen Routine geht. Heute kann die Projektmethode auch von der strukturellen Seite her gesehen werden als Querschnitt zur Linienfunktion oder gar als Überwindung der herkömmlichen Organisation. Immer dann, wenn besondere Aufgaben anstehen, bei denen Spezialisten aus verschiedenen Bereichen gefragt sind und die zeitlich begrenzt sind, ist Projektmanagement gefragt. Im sozialen Bereich kann dies z.B. die Einführung eines Qualitätsmanagements in einer Einrichtung sein. In der Organisationsentwicklung wird mit einzelnen Projekten gearbeitet, die modellhaft Organisationsbereiche und Abteilungen als Vorreiter weiterbringen. „Ein Projekt ist ein zeitlich, räumlich und sachlich begrenztes Arbeitsvorhaben. Projekte sind gekennzeichnet durch:

- die genaue Definition der Aufgabenstellung, mit deren Hilfe sich Anfangszustand, Zielsetzung und Zielzustand des Projektes definieren lassen;
- die hohe Komplexität der Aufgabenstellung, die sich durch den entsprechenden Arbeitsumfang und -inhalt ausdrückt;
- ihre Einmaligkeit;
- interdisziplinären Charakter;
- die besondere organisatorische Einbettung des Projektes in die bestehende Aufbau- und Ablauforganisation durch ein temporäres Projektteam;
- Begrenzungen in finanzieller, personeller und zeitlicher Hinsicht;
- neuartige Aufgabenstellung" (Knorr 2003, 34).

Projektmanagement ist die Gestaltungs- und Steuerungsfunktion eines Projektes.

Im Rahmen des Projektmanagements gibt es verschiedene Phasen, die je nach Größe und Umfang des Projektes unterschiedlich differenziert ausfallen können. Die wesentlichen Phasen eines Projektes sind die Start-, die Definitions-, die Planungs- und die Umsetzungsphase. Da ein Projekt ein in die Zukunft gerichtetes Vorhaben ist, muss gerade bei den ersten Schritten eine große Sorgfalt walten, wenn es etwa darum geht, mögliche Stakeholder oder Risiken zu identifizieren. Im Laufe der Projektentwicklung wird das Projekt immer konkreter. Wird zunächst nur eine Idee benannt, folgen im Verlauf der Planung genauere Beschreibungen dieser Idee bis hin zu Arbeitspaketen, die jeweils genau beschreiben, welche Person welchen Auftrag bis wann zu erfüllen hat. Ein Projektstrukturplan gibt einen Überblick, wie die einzelnen Aufgaben aufeinander folgen und welche Aufgabe bis wann erledigt sein muss, damit die nächste Phase beginnen kann.

Generell kommt es beim Projektmanagement darauf an, sehr genau zu planen und viel Energie gerade in die ersten Phasen des Projektes zu investieren. Je später im Projektverlauf Entscheidungen getroffen oder Fehler gemacht werden, umso teurer werden diese. Wird bei der beschriebenen Planung eines Altenheimes erst sehr spät bedacht, dass Einzelzimmer an Stelle von Doppelzimmern eingerichtet werden sollen, so ist die Verschiebung von Wänden im Rohbau ungleich schwieriger als auf einer Planungsskizze. Die Investition in eine gute Planung zahlt sich im Verlauf des Projektes aus.

Zu einem Projekt gehören in der Regel ein Auftraggeber, eine Projektleitung und ein Projektteam. Für den Beginn eines Projektes ist ein klarer Auftrag mit Zielbeschreibungen, Kompetenzen und Ressourcen von großer Bedeutung. Die Projektleitung muss wissen, für welches Ergebnis sie in welchem Rahmen verantwortlich ist, und muss auch einschätzen können, ob sie mit den zur Verfügung gestellten Ressourcen das Projekt umsetzen kann. Die Projektleitung bedient sich zur Umsetzung eines Projektteams und ggf. weiterer Mitarbeiter in einem Projekt. Hier muss auch transparent sein, welche Befugnisse die Projektleitung gegenüber den Mitarbeitern hat.

Die Projektleitung hat die wichtige Funktion der Steuerung des Projektes, sie muss den Überblick über die Arbeitsbereiche, Aufgaben und Termine innerhalb des Projektes haben. Dazu ist der bereits erwähnte Projektstrukturplan ebenso wichtig wie ein Meilensteinplan. Ein Meilensteinplan zeigt die Teilziele eines Projektes auf und definiert Ziele, die erreicht werden müssen, damit weitere Schritte im Projektablauf unternommen werden können. Sind zu einer Veranstaltung, die für 200 Personen geplant ist, zu einem bestimmten Zeitpunkt nur zehn Personen angemeldet, muss entschieden werden, ob die Veranstaltung abgesagt oder verkleinert werden muss, oder ob damit zu rechnen ist, dass durch eine stärkere Werbung noch Teilnehmer gewonnen werden können. Das Beispiel zeigt, dass trotz genauer Planung, immer Risiken vorhanden sind, die sich gerade am Anfang nur sehr schwer abwägen lassen, die aber von existenzieller Bedeutung für den Erfolg eines Projektes sind.

Generell zeigen sich im Projektmanagement verschiedene Spannungsbögen, die nachfolgend kurz beschrieben werden:

### Individualität vs. Team

Projekte ermöglichen und benötigen Personen mit ganz unterschiedlichen Fähigkeiten. Jede und jeder soll mit aller Kraft die eigenen Talente einbringen. Zugleich soll dies jedoch auf ein gemeinsames Ziel hin ausgerichtet sein, daher geht es auch darum, ein Team zu bilden.

### Standard vs. Innovation

Ein ständiger und wichtiger Anspruch an ein Projekt ist die Qualität der Arbeit, dabei geht es oft um die Entwicklung, das Erreichen und das Einhalten von Standards. Ein Projekt ist auch darauf ausgerichtet, etwas Neues zu schaffen. Daher muss die Balance zwischen Bewahren und Verändern immer wieder neu austariert werden.

### Hierarchie vs. Projektorganisation

Projekte sind in aller Regel in die Linienorganisation eingebunden. Das führt zuweilen zu Spannungen, insbesondere dann, wenn Projektmitarbeiter in die herkömmliche Linie eingebunden sind und zugleich in einem Projekt mitarbeiten.

### Qualifikation vs. Orientierung

Wie bei allen Führungs- und Leitungsaufgaben bedarf es in einem Projekt der Orientierung auf ein Ziel hin, zugleich aber müssen Mitarbeiter qualifiziert werden. Auch hier geht es um eine Balance (vgl. Schmid und Messmer 2003).

### Begeisterung vs. „Mühen der Ebene"

Ohne Esprit gelingt kein Projekt, aber ebenso wenig stellt sich ein Erfolg ein, wenn nicht hart und kontinuierlich an den vorliegenden Aufgaben gearbeitet wird.

### Planung vs. Spontaneität

Eine solide Projektvorbereitung und Planung insbesondere in ihren Ressourcen ist enorm wichtig, sie schützt aber kaum vor unvorhergesehenen Ereignissen, in denen Improvisation und Spontaneität gefragt sind.

### Detailaufgaben vs. Gesamtprojekt

Ein Projekt besteht aus vielen Arbeitspaketen, die sich ergänzen und manchmal mühselig und wenig motivierend sein können, zumal viele andere Aufgaben attraktiver sein können. Zugleich bedarf es des Überblickes im Gesamtprojekt.

### Begrenztheit vs. Unbegrenztheit

Die Ressourcen eines Projektes sind immer begrenzt, ein Projekt hat aber auch eine Ungewissheit in Richtung Unbegrenztheit. Ein Projekt lebt davon, dass es über sich selbst hinauswächst.

### Ruhe vs. Sturm

Projekte haben ruhige Phasen und ebenso auch kämpferische, stürmische Phasen, in denen es um alles oder nichts geht. Der Projektleitung obliegt es, diese Phasen für das Projektziel zu nutzen.

Soziale Arbeit benötigt im Sinne eines „Standbeines“ Kontinuität und feste Einrichtungen ebenso wie die Innovation im Sinne eines „Spielbeines“, die neue Formen der Arbeit in einer sich wandelnden Umwelt erschließt und für solche Aufgaben bietet sich das Projektmanagement als „Struktur in unwegsamem Gelände“ an.

## 9.2 Veränderungs- und Changemanagement

Organisationen müssen in Kontakt mit der Umwelt treten und sich neuen Herausforderungen stellen, dabei geht es grundsätzlich darum, eine Balance zwischen Bewahrung und Veränderung zu erreichen. Eine ständig sich verändernde Organisation überfordert den Menschen ebenso wie eine starre veränderungsresistente Organisation den Menschen unterfordert. Je dynamischer eine Gesellschaft, desto eher sind auch Weiterentwicklungen in den Organisationen von Bedeutung. Im Bereich der Sozialen Arbeit sind die schon genannten vielfältigen Veränderungen und Herausforderungen von großer Bedeutung für die Organisationen. Neue gesellschaftliche Problemlagen, veränderte gesetzliche Rahmenbedingungen, andere Finanzstrukturen führen zu Veränderungen in Organisationen.

Was für das Individuum gilt, das „lebenslange Lernen“, sollte auch für Organisationen gelten, hier ist von der „lernenden Organisation“ (vgl. u.a. Senge 2008) die Rede. Ansätze und Stichworte zu diesen Themen sind: Lernkultur, Organisations- und Personalentwicklung, Veränderungsmanagement, ständiger Verbesserungsprozess usw.

Ob und inwieweit ständige Veränderungen die Menschen in den Organisationen beeinflussen, wird erst in Ansätzen untersucht (vgl. Haubl und Voß 2009).

Es gilt, auf Herausforderungen auch innerhalb der Organisation zu reagieren oder besser noch diese „proaktiv“ vorwegzunehmen. Zwei miteinander eng verwobene Instrumente sind das der Organisationsentwicklung, die den Fokus auf die Effizienz und Effektivität der Abläufe und Strukturen legt, und das der Personalentwicklung, das den Fokus auf die Personen innerhalb einer Organisation legt.

> „Organisationsentwicklung wird verstanden als umfassender, initiierter, planvoller, zielgerichteter und auf Nachhaltigkeit hin angelegter Veränderungs- und Entwicklungsprozess unter weitgehender Beteiligung Betroffener, der einen Nutzen für die Ziel- und Aufgabenstellung der Organisation und das in ihr agierende Individuum hat“ (Schneider 2005, 296).

Personalentwicklung kann definiert werden: „als umfassender, initiierter, planvoller, zielgerichteter und auf Nachhaltigkeit angelegter Veränderungs- und Entwicklungsprozess von Mitgliedern einer Organisation zum Nutzen von Organisation und Individuum“ (a.a.O., 305).

Beide Bereiche sind eng miteinander verwandt, weshalb die Deutsche Gesellschaft für Personalführung beschreibt: „Organisationsentwicklung und Personalentwicklung sind zwei Seiten einer Medaille“ (Deutsche Gesellschaft für Personalführung 2002, 18).

Je nachdem, von welchem Standpunkt und vor welchem Hintergrund Organisationsentwicklung gedacht wird, hat dies Auswirkungen auf die Methodik.

Beispiel für eine solche Methode ist für die Arbeit an Visionen die Methode „Rückblick auf die Zukunft“ (vgl. Königswieser und Exner 1999, 206 f.), die sich dafür eignet, in verfahrenen Situationen einer Organisation Freiraum zu finden, um nach neuen Lösungen zu suchen.

Es gibt nicht die Methode der Organisationsentwicklung. Von der Historie her ist Organisationsentwicklung aus der Laboratoriumsmethode, der Survey-Feedback-Methode, der Handlungsforschung (Action Research) und dem Tavistock-Ansatz entstanden.[2]

2 Die erste Methode geht auf Kurt Lewin zurück. Trainingsgruppen machten neue Erfahrungen mit Gruppe und Lernen, die jedoch zurück im gewohnten

Zu den eigenen Methoden der Personalentwicklung siehe Kapitel Personal (5.3). Wesentliche Merkmale der Organisationsentwicklung sind der Einbezug verschiedener Hierarchieebenen, die Beteiligung Betroffener und die Form der Projektmethode sowie der enge Bezug zur Personalentwicklung (vgl. Schneider 2005). Schmid und Messmer (vgl. 2003) nennen für diese Form der Veränderung, verbunden mit der Personalentwicklung, fünf verschiedene Perspektiven:

1. *Personen- versus Systemqualifizierung*
   Passung von Mensch und System. Es geht um eine personensensible Systemqualifizierung und eine systemintelligente Personenqualifizierung.
2. *Orientierung versus Qualifizierung*
   Bei Veränderungsprojekten ist es wichtig, sowohl die Qualifizierung als eine Seite der Herausforderung als auch die Orientierung als die andere Seite zu beachten. Mitarbeiter müssen auf Veränderungsnotwendigkeiten hin orientiert werden.
3. *Führen versus Beraten*
   Bei Veränderungsprozessen ist genau zu überlegen, wo sind die Linien als Führung gefordert und wo können externe Berater helfen? Auch bei einer Teamentwicklung müssen Vorgesetzte beteiligt sein. Die Dienstleistung muss der Organisation hilfreich und in deren Sinne sein.
4. *Programm versus Marktorientierung*
   Es gilt wahrzunehmen, wie sich der Markt entwickelt, aber auch ein eigenes Profil zu entwickeln und eine gute Balance zwischen beiden Perspektiven zu haben und zu halten.
5. *Neue Events versus Neuinszenierung vertrauter Strukturen*
   Wo braucht eine Organisation wirklich neue Events oder Strukturen und wo kann auf bereits vorhandene Strukturen zurückgegriffen werden?

---

Umfeld nicht umsetzbar waren. Die Survey-Feedback-Methode geht von der Erkenntnis aus, dass sich Ergebnisse von wissenschaftlichen Untersuchungen auch auf die Betroffenen auswirken. Die Handlungsforschung setzt an der direkten Rückkopplung zwischen Forscher und Erforschten an. Beim Tavistock-Ansatz wurde erkannt, dass sich neue Technologien auch auf die sozialen Strukturen auswirken.

In der Praxis wird oft der Fehler begangen, dass nur einer der beiden Pole beachtet und der andere Bereich vollkommen vernachlässigt wird. Gerade im Feld der Sozialen Arbeit mit einem Dienstleistungsanspruch und der hohen Bedeutung von Personen, erscheint es sowohl aus ethischen Gründen als auch aus Gründen der Effizienz geboten, Veränderungsprozesse zwar klar und deutlich, aber auch gewinnend zu gestalten.

Hilfreich sind die generischen Prinzipien von Haken und Schiepek (vgl. 2006), die als allgemeingültige Prinzipien für Veränderungsprozesse genannt werden können und eine Veränderung vorbereiten: Stabilitätsbedingungen schaffen (emotionale Sicherheit), Sinnbezug herstellen, Energetisierung, Ressourcenaktivierung, Musterunterbrechung, „Kairos“ („günstiger Zeitpunkt“) beachten, Symmetriebrechung (jetzt das Neue umsetzen).

Die Bereitschaft zur Veränderung hat etwas mit Sicherheit zu tun, im Roman zum Projektmanagement „Der Termin“ (DeMarco 1998, 29) heißt es dazu treffend:

„Sicherheit und Veränderung:

- Menschen können Veränderungen nur in Angriff nehmen, wenn sie sich sicher fühlen.
- Veränderung ist eine entscheidende Voraussetzung für den Erfolg jeder Projektarbeit (und wahrscheinlich auch der meisten anderen lohnenden Unternehmungen).
- Fehlende Sicherheit bewirkt fehlende Risikobereitschaft.
- Risikovermeidung ist fatal: Sie führt dazu, dass die mit einem Risiko verbundenen Chancen ungenutzt bleiben.
- Unsicherheit entsteht, wenn Menschen sich direkt bedroht fühlen oder Angst vor Machtmissbrauch haben.“

Hauptursachen für Widerstände in Veränderungsprozessen sind nach Maelicke (vgl. 2009, 811) die Themenbereiche Lohn/Gehalt, Sicherheit, Kontakt, Anerkennung, Selbständigkeit und Entwicklung. Einige wichtige Empfehlungen zur Überwindung dieser Widerstände sind:

- „frühzeitige Informationen über Ursachen und Ziele des Wandels,
- umfassende Beteiligung der vom Wandel Betroffenen,
- rechtzeitige Verhandlungen, Mitbestimmung,

- Schutz der Personen, die vom Wandel negativ betroffen werden (z.B. Zusagen, dass keine Entlassungen erfolgen, Umschulungen),
- Unterstützer des Wandels belohnen,
- Vermeiden revolutionärer Ansätze,
- Wahl von kompetenten Change Agents" (Maelicke 2009, 812).

Zum Bereich des Change-Managements stellt das oben genannte Freiburger Management-Modell Gestaltungs- und Abwicklungsthemen vor: Widerstand ist ein Grundproblem, mit dem zu rechnen ist; Gestaltungskriterien sind a) die Unterteilung in Episoden, es gibt sach-, macht- und konsensorientierte Phasen, b) Ziele sind die Akzeptanz und die bestmögliche Entscheidung, c) Betroffene sollen zu Beteiligten gemacht werden und schließlich d) es bedarf Promotoren auf der Sach-, auf der Sozial- und auch der Machtebene; Konferenzarbeit mit großen Gruppen ist ein drittes wichtiges Gestaltungselement mit den Formen Zukunftskonferenz, Zukunftswerkstatt und Open Space (vgl. Schwarz u.a. 2002, 188 ff.).

## 9.3 Qualitätsmanagement

Qualität ist die Beschreibung des Zustandes eines Gegenstandes, es geht um das „Wie" der Beschaffenheit. Allgemein lässt sich Qualitätsmanagement als die „Gesamtheit der qualitätsbezogenen Zielsetzungen und Tätigkeiten" (Arnold 2009a, 465) innerhalb einer Organisation definieren. Um das Wie eines Gegenstandes, einer Ware oder einer Dienstleistung beurteilen zu können und von einer „guten Qualität" zu sprechen, bedarf es Kriterien oder Standards. Der Qualitätsbegriff kommt aus der industriellen Fertigung. Bereits bei der Entwicklung des Produktes, bei der Anlieferung von Rohstoffen, bei der Ausrichtung der Maschinen in der Produktionshalle, bei der Ausbildung der Mitarbeiter und schließlich auch bei der Endfertigung wird die Qualität berücksichtigt. Aus dieser Sicht der Produktion sind auch die Begrifflichkeiten der Eingangsqualität, der Struktur-, der Prozess- und der Ergebnisqualität entstanden. Alle Begriffe machen deutlich, dass es um eine Ausrichtung auf den Kunden geht. Die Qualitätsvorstellungen des Produzenten allein können noch keine Gewähr dafür bieten, ob ein Produkt auch beim Kunden als „gute Qualität" ankommt. Daher kann von unterschiedlichen Qualitätsbegriffen ausgegangen werden, einem leistungsorientierten Begriff, der objektiv messbar ist, einem kundenbezogenen Begriff, der sich auf die wahrgenommenen Eigenschaften bezieht (vgl. Arnold 2009a, 461).

Die Übertragung des Qualitätsbegriffes auf Einrichtungen der Sozialen Arbeit ist nicht nur durch das bereits erwähnte sozialwirtschaftliche Dreieck (vgl. Kap. 8.3) schwierig, sondern auch durch die Tatsache, dass nicht „auf Halde“ produziert wird, sondern Dienstleistungen im Zusammenwirken zwischen Dienstleister und Kunden bzw. Adressaten Sozialer Arbeit „hergestellt“ werden. Komplexe Problemlagen lassen auch nur sehr allgemeine Standards zu. In einer Beratungsstelle wäre es nicht als professionell anzusehen, wenn jeder Ratsuchende mit den gleichen Standardfragen nach einem „Schema F“ beraten würde, egal ob er gerade einen Ansprechpartner für ein medizinisches Problem oder umfassend Rat bei einem Erziehungsproblem sucht. Dennoch spielt in diesem Beispiel Qualität eine Rolle: Der Ratsuchende würde es als schlecht empfinden, wenn er sein Anliegen „auf dem Gang“ in aller Öffentlichkeit preisgeben müsste, wenn an Stelle einer ausgebildeten Fachkraft ein Auszubildender aus der Buchhaltung Eheberatung anbieten würde oder wenn am Ende einer fünfminütigen Schnellberatung nur der Satz herauskäme „Sie tun mir ja leid, aber da kann ich Ihnen auch nicht helfen“.

Das konstruierte Beispiel zeigt auf, dass Qualität keine Frage einer Beliebigkeit ist, die von einem Qualitätsbeauftragten als Kontrolle umgesetzt werden kann, sondern eine Aufgabe, die entscheidend für eine Organisation ist und daher sowohl „Chefsache“ sein muss als auch Sache jedes einzelnen Mitarbeitenden.

Darüber hinaus ist ein Qualitätsmanagement für die Kooperation z.B. von öffentlichen Leistungsträgern und (privaten oder gemeinnützigen) Leistungserbringern von entscheidender Bedeutung (kooperatives Qualitätsmanagement, vgl. Deutscher Verein 2010).

Wichtige Begrifflichkeiten im Qualitätsmanagement sind Qualitätssicherung und Qualitätsentwicklung. Beim ersten Begriff steht die Sicherung vereinbarter Standards im Mittelpunkt, beim zweiten die Weiterentwicklung der Qualität. Merchel (vgl. 2005b, 182) äußert sich kritisch zur Angemessenheit des Begriffs der Standards im Feld

der Sozialen Arbeit. Es gehe in der Sozialen Arbeit nicht um eine Sozialtechnik, daher sei der Begriff der Qualitätskriterien angebrachter. Die Begrifflichkeit der Qualitätsentwicklung zeigt stärker als die Qualitätssicherung den dynamischen und entwicklungsbedürftigen Begriff der Qualität auf.
Als wichtige Schritte für eine Qualitätsentwicklung in Einrichtungen der Sozialen Arbeit nennt Merchel (vgl. 2004b, 122 ff.) folgende:

1. Definition von Qualitätskriterien
2. Auswahl (strategische und fachliche Überlegungen)
3. Herstellung der Überprüfbarkeit
4. Verfahren bestimmen und Umsetzung
5. Überlegungen zur Weiterentwicklung von Qualität.

In der Sozialen Arbeit existieren viele Systeme eines Qualitätsmanagements, die von unterschiedlichen Prämissen ausgehen und versuchen, eine Qualitätsentwicklung im beschriebenen Sinne voranzubringen. Neben dem nachfolgenden gibt es auch ähnliche trägerspezifische Modelle.

#### International Organization for Standardization (ISO)

Bei dem Modell ISO handelt es sich um eine internationale Norm der International Organization for Standardization (ISO), die teilweise in Europäische Normen (EN) übernommen oder spezifiziert wurden bzw. in Deutsche Normen (Deutsche Industrie Norm [DIN]).

Die DIN EN ISO ist also die Nationale Normierung auf der Grundlage der internationalen und europäischen Normierungen (u.a. auch ÖNORM EN ISO oder SN EN ISO), ISO 9000:2000 bedeutet „Fassung von 2000“, aktuell gültig ISO 9000:2005.

„ISO 9001 stellt eine, für eine Zertifizierung zwingende Norm dar und zielt damit auf jene Qualitätssicherungsprozesse, die notwendig sind, um die angegebenen Kundenanforderungen zu erfüllen. Damit stellt die ISO 9001 einen Mindeststandard zur Umsetzung von Qualitätsmanagement in der Organisation dar [...] ISO 9004 geht über die Forderungen der ISO 9001 hinaus. Den Organisationen wird gezeigt, wie sie die beschriebenen Elemente zur Leistungssteigerung und zur Erzielung von Spitzenleistungen einsetzen können“ (Brunner und Wagner 2008, 96). Wichtige ISO-Normen sind:

- DIN EN ISO 9000 regelt Grundlagen und Begriffe von Qualitätsmanagementsystemen.
- DIN EN ISO 9001 regelt Anforderungen an ein QM-System, Grundsätze: Kundenorientierung, Führungsverantwortung, Einbeziehung Beteiligter, Prozess, System, kontinuierliche Verbesserung, sachbezogene Entscheidungsfindung, Lieferantenbeziehungen.
- DIN EN ISO 9004: Leitfaden zur Qualitätsverbesserung.
- EN ISO 19001: Leitfaden für Audits von Qualitäts- und Umweltmanagementsystemen.

Es geht in erster Linie um die Feststellung, ob Verfahren eingeführt wurden, und ob diese in der Organisation auch überprüft werden. Heiner nennt die Grenzen der ISO-9000-Zertifizierung: „Eine Bildungsstätte erhält auch dann das ersehnte Zertifikat, wenn sie nur regelmäßig und zuverlässig kontrolliert, ob ihr schlechter Service immer noch so schlecht ist, wie einmal festgelegt. Mit ISO 9000 wird also lediglich die Qualitätssicherung, nicht die Qualität geprüft" (Heiner 1996, 26).

In Bezug auf die Norm ISO 9000 bis 9004 hält Merchel (2004b, 62) fest: „Das Normensystem beschreibt 20 Elemente, die den Leistungsprozess vollständig zu erfassen beanspruchen. Die 20 Normelemente wurden zunächst für Betriebe im industriellen Fertigungsbereich konstruiert. Es geht um die Konstruktion, den Prozess der Herstellung und um den Vertrieb von Produkten. Die Norm 9004 markiert die Übertragung auf den Dienstleistungsbereich: Hier werden keine anderen, speziell für Dienstleistungen gültigen Normen vorgegeben, sondern es handelt sich um eine Anleitung für den Transfer des Normensystems, also um eine Art ‚Leseanleitung' für den Dienstleistungsbereich".

### European Foundation for Quality Management (EFQM)

Das Qualitätsmodell der European Foundation for Quality Management wurde von Führungskräften Europäischer Unternehmen entwickelt, als spezifisch europäische Antwort in Abgrenzung bzw. Weiterentwicklung zu amerikanischen und japanischen Managementmodellen. EFQM geht von einer lernfähigen Organisation aus, bei der Kriterien auf Seiten der Befähiger und Kriterien auf Seiten der Ergebnisse zur gesamten Qualität eines Unternehmens oder einer Organisation beitragen. Das EFQM-Modell ist sowohl für Profit- als auch für Nonprofit-Organisationen beschrieben und trägt unterschiedlichen Organisationsgrößen Rechnung. Neun Befähiger- und Ergebniskriterien bilden das Modell ab:

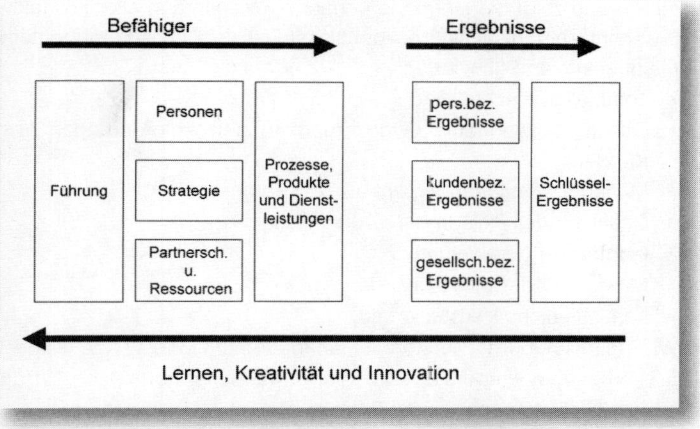


*Abbildung 13: EFQM-Modell (vgl. European Foundation 2009)*

Grundlegend werden bei der Bewertung für die einzelnen Kriterien bestimmte Anteile an der Gesamtbewertung beschrieben. Die Organisationen bewerten sich selbst und können sich auf nationaler bzw. europäischer Ebene an einem entsprechenden Exzellenzwettbewerb beteiligen.

Im direkten Vergleich beschreiben Brunner und Wagner die Normenreihe ISO als Vorschriften mit Mindestanforderungen, das EFQM-Modell hingegen als Denkansatz, der einen Rahmen für eine freie Gestaltung innerhalb einer Organisation bietet. Während die ISO-Normenreihe sich am Stand der Technik orientiere und damit vergangenheitsorientiert sei und vor allem die Kundeninteressen im Blick habe, spiegele sich im EFQM-Modell der in die Zukunft gerichtete Stand der Wissenschaft, der alle Interessengruppen einbeziehe (vgl. 2008, 355). Darüber hinaus ist anzufügen, dass es dem ISO-Modell eher um eine Fehlerfreiheit, dem EFQM-Modell um die Verbesserung der Praxis geht. Beide Modelle, wie auch das nachfolgend dargestellte, haben derzeit kaum Möglichkeiten, Werte oder ethische Reflexionen mit zu berücksichtigen.

### Total Quality Management (TQM)

Der Ansatz des TQM lässt sich am stärksten auf die Industrie zurückführen und zeigt die eingangs genannte Orientierung aller Produktionsschritte hin zur Qualität am deutlichsten. Total Quality Management meint in kurzen Stichworten:

- Total: alle Geschäftsfelder
- Quality: konsequente Orientierung an den Anforderungen des Kunden
- Management: Management als Vorbildfunktion
- Definition der Ziele in der Organisation
- langfristige Ausrichtung
- Mitwirkung der Mitarbeitenden
- kontinuierliche Verbesserung.

Wie beim Freiburger Nonprofit-Managegement-Modell (vgl. Kapitel 5.1) erkennbar wurde, hat TQM in abgewandelter Form auch Einzug in das Qualitätsmanagement Sozialer Organisationen gefunden.

### Zertifizierung

Als Ziel der Installation eines Qualitätsmanagementssystems wird oft die Zertifizierung benannt, die in der Regel durch regelmäßige Audits überprüft bzw. fortgeschrieben wird. Eine solche Zertifizierung hat Vorteile und Nachteile:

Vorteile einer Zertifizierung sind die folgenden (vgl. Gerull 2000, 54):

- verbindliche Absprachen zwischen Auftraggebern und Auftragnehmern
- eine Art Prüfung von außen
- eine Art Verbraucherschutz
- Wettbewerbsvorteil des Lieferanten im Vergleich zu Konkurrenten
- wirksame Kontrollverantwortung für die Zuschussgeber
- Reduzierung des gesamten Prüfungsaufwandes
- Schutz der Lieferanten vor einer Preisgabe von Betriebsgeheimnissen
- Verringerung des Einkaufsrisikos der Nachfrager
- Schaffung von Vertrauen des Lieferanten.

Gegen eine Zertifizierung sprechen (vgl. Gerull 2000, 57 f.):

- ISO-Normen sind formale Anforderungen, sie beziehen sich nicht auf Inhalte eines Leistungsprozesses
- Momentaufnahmen forcieren punktuelle Anstrengungen
- Maßnahmen externer Qualitätssicherung
- dynamische Einflüsse auf die Qualität der Organisation werden nicht erfasst
- Zertifizierungen kosten Zeit und Geld
- Zertifizierungen sagen nur etwas aus über den Aspekt der Zuverlässigkeit in der Leistungserstellung
- lassen sich alle zertifizieren, fällt der Vorteil des Unterscheidungsmerkmals fort
- Zertifizierungen können die Verpflichtung des öffentlichen Kostenträgers zur Prüfung der Qualität nicht ersetzen
- Zertifizierungen kommen vor allem denen zugute, die sie vorbereiten und durchführen
- sie täuschen eine falsche Sicherheit vor.

Eine Zertifizierung im Feld der Sozialen Arbeit hat verschiedene Motive, die Merchel vorstellt (vgl. 2004b, 184 f.): Übersichtlichkeit bei den Angeboten, Transparenz, Eindeutigkeit und Sicherheit; Signalisierung von Wettbewerbsfähigkeit zur Verbesserung der eigenen Marktposition; Verteidigung autonomer Handlungsspielräume freier Träger gegenüber dem Staat: standardsetzende und qualitätserhaltende Wirkung.

Allerdings ist auch Skepsis angebracht: Beschaffenheit und Qualität der Leistung werden durch ein Zertifikat nicht durchschaubarer. Ein Marktvorteil entsteht nur, wenn die Bezugsgruppen das Gütesiegel kennen und es zu einer Unterscheidung beiträgt. Es ist durchaus zu bezweifeln, dass Zertifikate staatliches Handeln einschränken oder die Autonomie von Trägern stärken. Zertifizierungen sind nur sehr beschränkt als Mittel sozialpolitischen Handelns nutzbar: „Die Auswirkungen eines möglichen staatlichen Regulierungsmangels [...] werden als Risiken auf die Einrichtungen überwälzt, während die mit einer Zertifizierungsstrategie tatsächlich zu realisierende sozialpolitische Wirkung gering bleibt“ (Merchel 2004b, 187).

An anderer Stelle wird Merchel (2004c, 45 f.) deutlicher und beschreibt die Logik der Zertifizierung und der Gütesiegel als „im günstigen Fall zwar kostenaufwendig, aber nutzlos und überflüssig.

Im ungünstigen Fall ist sie für die fachliche Qualitätsentwicklung in Einrichtungen der Sozialen Arbeit nachteilig bis hinderlich: Zertifikate vermögen die mit diesen Verfahren verbundenen Erwartungen nicht einzulösen, sondern bieten den Nutzern von Einrichtungen lediglich abstrakte Qualitätsversprechen mit geringem Informationsgehalt, sie tendieren dazu, Organisationen in ihrem Bemühen um Qualitätsentwicklung zu überfordern, und erzeugen somit das Risiko, dass sich Mitarbeiter in Einrichtungen allmählich vom Gedanken der Qualitätsentwicklung als fachlichem Gestaltungsprozess abwenden".

### Kritik und Ausblick

Kritik an der gesamten Qualitätsdiskussion benennt Speck: „Je besser die Qualität für die Stärkeren wird, desto kritischer dürfte die Situation für die anderen „den Rest", werden. Betroffen von einer „schöpferischen Zerstörung" sind jeweils – im Unterschied zu wirtschaftlichen Produktionsstätten – Menschen, nicht etwa Waren, die man in einer abgewirtschafteten Fabrik der Entsorgung oder der Umlagerung aussetzen kann. Der Markt ist nicht sozial!" (Speck 2004, 29). Für die Qualität in der Sozialen Arbeit spricht er sich (a.a.O.) für folgende Punkte aus: „Die dem Leitbild sozialer Einrichtungen entsprechende Qualität ist soziale Qualität. Sie geht genuin aus sozialen Komponenten hervor, die in einer sozialen Einrichtung wirksam sind [...]. Das Ökonomische ist eine wichtige Voraussetzung für die Entwicklung und Verbesserung sozialer Qualität. Es ist als Teildimension in den organisatorischen Lernprozess derart zu integrieren, dass es der sozialen Qualität nützt. Soziale Qualität geht aber nicht aus wirtschaftlichen Prozessen (Marktwettbewerb) hervor".

Keupp (2004, 329) beschreibt in Anlehnung an Schernus (1997, 5) die Worte des Qualitätsdiskurses wie folgt:

1. „Worte mit Maximalisierungstendenz: z.B. flächendeckend, umfassend, total, effektiv, hocheffizient, exakt, ideal, potent; oder als Haupt-Worte: z.B. Maximierung der Resultate, Ablaufoptimierung etc.
2. Worte mit Tendenz zur Linearität: z.B. kontinuierlicher Verbesserungsprozess (auch KVP genannt), Ablaufschritte, Schnittstellenre-

gulierung, Betreuungsplanung, Outcome, Weiterentwicklungsoption, Sachzielorientierung, Leistungserstellungsprozess
3. marktorientierte Worte: z.B. Kaufkraft, Kunden, Nutzer, Verkaufsverhandlung, Konkurrenzfähigkeit, Wertschöpfungsprozess, arbeitsmarktrelevanter Schulabschluss, Konsumentensouveränität, Humankapital, Pflegemarkt, kostentreibende Altersentwicklung etc.
4. Worte mit Atomisierungstendenz: z.B. Modul, Baustein, Leistungspaket, Maßnahme."

Warum gerade in der Sozialen Arbeit die Qualitätsdiskussion dennoch wichtig ist, beschreiben Irskens und Vogt (2000, 12) wie folgt:

„Es wurde gefragt:

- ob die sozialen Leistungen auch wirklich bei denen ankommen, die sie brauchen (Missbrauchsdiskussion),
- ob sie so gestaltet sind, wie sie der Empfänger benötigt (Dienstleistungsdiskussion),
- ob sie so gestaltet sind, wie sie der Gesetzgeber fordert (KJHG, Recht auf einen Kindergartenplatz),
- ob sie so gestaltet sind, dass sie auch wirksam werden (Fachlichkeit, Fragen der Effektivität und Wirksamkeitsprüfung),
- ob sie so gestaltet sind, dass sie finanzierbar sind (Wirtschaftlichkeit und Effizienz),
- ob sie transparent für Bürger und Leistungsempfänger sind".

Eine neue Form von Qualitätsentwicklung zeigen Deinet und Icking (vgl. 2008, 87ff.) auf, die in Nordrhein-Westfalen im Bereich der offenen Jugendarbeit angewendet wird: Die Form des Qualitäts- und Wirksamkeitsdialoges: Dieser Dialog findet sowohl auf Einrichtungsebene als auch auf der kommunalen Ebene statt und bezieht den Dialog und die Steuerung auf den so genannten Dialogebenen zwischen Einrichtung, Träger und Jugendhilfeplanung mit ein.

Als Indikatoren für gelungene Qualitäts- und Wirksamkeitsdialoge werden angegeben (vgl. Deinet und Icking 2008, 110 f.):

- Politiker fühlen sich besser informiert
- Politik ist durch Steuerungs- und Moderationsgruppen eingebunden
- Berichtswesen sorgt für Transparenz
- Bedarfslagen können formuliert werden

- Erweiterung der Trägeridentifikation
- Einrichtungen agieren auch sozialräumlich
- Kooperationen erfolgen über definierte Schnittstellen
- Fachkräfte können ihre Ziele formulieren und Außenstehenden beschreiben
- gezielte Selbstevaluationen untersuchen und dokumentieren Wirkungen
- die Beteiligung der Jugendlichen ist auf Einrichtungs- und kommunaler Ebene gewährleistet.

Folgende Kriterien für ein gutes Qualitätsmanagement in der Sozialen Arbeit stellt Merchel auf (vgl. Merchel 2004b, 193 ff.): Mitarbeiterpartizipation, Prozessorientierung, Adressatenorientierung, Praktikabilität, thematische Breite, Dialogorientierung, Fach- und sozialpolitische Wirkungsabsicht, Integration von Form und Inhalt, reflektierte Anspruchshaltung bzw. Steuerungserwartung.

Zusammenfassend stellt das Qualitätsmanagement eine wichtige Erneuerung der Sozialen Arbeit dar, allerdings bedürfen die Instrumente einer deutlichen Anpassung an die Zielsetzung und den Zweck.

## 9.4 Weiterführende Literatur

Doppler, Klaus/Lauterburg, Christoph 2005: Change-Management: Den Unternehmenswandel gestalten, 11. aktualisierte und erweiterte Auflage, Frankfurt/New York

Kraus, Georg/Westermann, Reinhold 2006: Projektmanagement mit System, Organisation, Methoden, Steuerung, 3. Auflage, Wiesbaden

Merchel, Joachim 2004b: Qualitätsmanagement in der Sozialen Arbeit. Ein Lehr- und Arbeitsbuch, Weinheim

## 9.5 Fragen zu Kapitel 9

- Worin sehen Sie Vor- und Nachteile einer stärkeren Nutzung von Projektmanagement in der Sozialen Arbeit?
- Unter welchen Umständen sind Menschen zu Veränderungen bereit?
- Was sind die besonderen Herausforderungen für Qualitätsmanagement in sozialen Organisationen?

10

# 10. Management und Menschenbild: Ethik

Wenn Ethik als Reflexion des Sittlichen mehr sein soll als ein Appell zu einem besseren Handeln, so muss eine solche Reflexion an verschiedenen Stellen ihren festen Ort haben. Wurden Menschenrechte und soziale Gerechtigkeit schon als Maßstäbe einer Sozialen Arbeit angeführt, so darf eine Ethik nicht bei der Nennung solcher Maßstäbe stehen bleiben, sondern sollte auch nach Wegen suchen, wie und wo an diesen Maßstäben wirksam „Maß genommen" werden kann. Ethik sollte nicht zu einer Partikularethik werden, in dem jeder einzelne Bereich einer Gesellschaft sich selbst auf moralische Grundlagen verpflichtet, die dem jeweiligen Bereich nicht schaden, sondern sollte Maß nehmen an grundlegenden Werten einer Gesellschaft.

Das Menschenbild Sozialer Arbeit ist ein anderes, als es das Bild des „Homo Oeconomicus" vermittelt. Daher muss das Management sozialer Organisationen eine andere Ausrichtung haben als das Management vor dem Hintergrund des Menschenbildes des „Homo Oeconomicus". Es wäre blauäugig, allein von einem idealistischen Standpunkt auszugehen und durch die Formulierung von hehren Zielen oder Sollensvorstellungen schon anzunehmen, dadurch würde die Praxis verändert. Wenn dem so wäre, würden Berufskodizes, die es in vielen Berufen gibt, so auch in der Sozialen Arbeit, einen wirksamen und ausreichenden Rahmen bieten. Ansätze für einen Berufskodex von Managern im Bewusstsein der benannten beschränkten Wirkungskraft existieren und werden im Kontext einer geforderten Professionalisierung diskutiert. „Ohne die kollektive Verpflichtung gegenüber einem Kodex, der die Pflichten von Managern als Treuhänder der wirtschaftlichen Ressourcen eines Landes festschreibt, können Führungskräfte nicht von sich behaupten, eine positive Kraft in der Gesellschaft zu sein" (Khurana und Nohria 2009, 28). Vorgeschlagene Punkte eines solchen Managerkodex sind:

- Verpflichtung zur Mehrung des Wertes für die Gesellschaft
- Unternehmen sind Zusammenschlüsse von verschiedenen Interessen, die es miteinander zu vereinbaren gilt
- Vorrang des Interesses des Unternehmens vor den persönlichen Vorteilen
- Kenntnis und Befolgung der Gesetze und Verträge nach dem Sinn und dem Buchstaben
- Transparenz allen relevanten Parteien gegenüber
- Wahrung der Interessen derer, deren Wohlergehen von den eigenen Entscheidungen abhängt
- Leitung unter Nutzung des größtmöglichen verfügbaren Wissens
- Ansehen und Privilegien sind dem Berufsstand zu verdanken und das Vertrauen in diesen ist weiterzuentwickeln (vgl. Khurana und Nohria 2009, 29)

Wenn Werte in einer Organisation wirksam werden wollen, müssen sie nicht nur in den Köpfen der führenden Personen verankert sein, sondern sich in den Prozessen und Strukturen einer Organisation abbilden. In diesem Sinne ist eine Organisationsethik zu verstehen. Regeln für eine gute Führung in einem Unternehmen werden im Corporate Governance Codex vorgestellt. Inwiefern Unternehmen sich um soziale Belange kümmern und in dieser Weise engagieren, kann mit dem Stichwort der Corporate Social Responsibility beschrieben werden.

## 10.1 Organisationsethik

Ethik als Reflexion des Sittlichen lässt sich als Individualethik und eine Sozialethik sehen. Im Bereich der ersteren geht es um das Handeln einzelner Personen, im Bereich der Sozialethik um gesellschaftliche Strukturen. Im Feld der Wirtschaft ist von einer Wirtschaftsethik die Rede, die die Strukturen und Rahmenbedingungen der Wirtschaft zum Gegenstand hat. Eine Unternehmensethik betrachtet das engere Umfeld eines Unternehmens. In eine ähnliche Richtung geht die Organisationsethik, die Prozesse und Strukturen innerhalb einer Organisation zum Gegenstand der ethischen Reflexion hat. Hintergrund ist der Gedanke, dass zum einen Menschen in unterschiedlichen Organisationen leben und zum anderen die dortigen Strukturen und Abläufe nicht wertneutral sind, sondern zu moralischem oder unmoralischem Handeln führen können.

Da Soziale Arbeit auf der normativen Grundlage der Menschenwürde und der sozialen Gerechtigkeit basiert, muss sich Sozialmanagement als Teil Sozialer Arbeit vor diesem Hintergrund verantworten.

Das Management sozialer Einrichtungen muss seine Wirkung daran messen, wie hoch der Beitrag zur Verwirklichung dieser Grundlage ist, und fragen, wie die Organisation so verbessert und optimiert werden kann, dass für die Zielsetzung Sozialer Arbeit ein Mehrwert entstehen kann. Dazu bedarf das Management einer Integration von ethischer Reflexion, die Maßstäbe liefern kann für den Grad der Zielerreichung im Hinblick auf Werte. Dass eine solche Orientierung nicht ausschließlich für soziale Organisationen gilt, beschreibt Wieland (2008, 1): „Denn ausschließlich mit formalen Regeln und ökonomischem Kalkül können Unternehmen sich keinen guten Ruf erarbeiten, nicht innovativ sein, keine guten Produkte auf den Markt bringen, Mitarbeiter binden und integere Geschäftsmodelle entwickeln. Ethik ist bei Licht betrachtet ein integraler Bestandteil erfolgreicher wirtschaftlicher Tätigkeit und kein Störfaktor, der nur in Krisenzeiten zur Beruhigung des Publikums nützlich ist und dafür aus den Schubladen geholt werden kann". Eine Integration von Ethik muss bei den keineswegs neutralen Instrumenten zur Veränderung einer Organisation (Veränderungsmanagement, Organisationsentwicklung) ansetzen und bereits dort das jeweilige

Menschenbild reflektieren. Ob eine Veränderung nach der Maxime der kurzfristigen Effizienzverbesserung durchgeführt wird oder auf eine nachhaltige Verbesserung zum Nutzen der wichtigsten Anspruchsgruppen zielt, wirkt sich jeweils anders auf die Motivation der Organisationsmitglieder, auf die Zielerreichung, die Reputation und die gesellschaftliche Wahrnehmung der Organisation aus.

Die Sozialwirtschaft hat stärker als andere Wirtschaftszweige einen ethischen Anspruch, der sich aus der im Grundgesetz niedergelegten Sozialverpflichtung des Staates ergibt. Innerhalb dieses Wirtschaftszweiges haben moralische Vorstellungen auf verschiedenen Ebenen eine Bedeutung und damit auch das Management auf diesen Ebenen. Schließt man sich Finis Siegler an (vgl. 2008, 170 f.), die die Ökonomik Sozialer Arbeit in fünf Ebenen unterscheidet, können u.a. folgende Fragen gestellt werden:

- Makroebene: in der Entscheidung auf wohlfahrtsstaatlicher Ebene: Welchen Stellenwert haben staatliche Grundwerte in der Zumessung von Mitteln und Rahmenbedingungen für die Verwirklichung des Sozialstaatsziels? (sozialpolitische ethische Dimension)
- Mesoebene: im Management von Organisationen: Werden die Ressourcen zielführend im Sinne der Menschenwürde und sozialen Gerechtigkeit eingesetzt? (organisationspolitische ethische Dimension)
- Mikroebene: in der Zielrichtung des Arbeitens: Werden die richtigen Ziele mit den richtigen Mitteln verfolgt und orientieren sich diese an Grundüberzeugungen der Organisation? (fachpolitische ethische Dimension)
- Nanoebene: im Umgang mit den Adressaten: Werden das nachhaltige Wohl, die Selbständigkeit und die Teilhabe gefördert? (berufspolitische ethische Dimension)
- Individuelle Ebene: der Adressaten Sozialer Arbeit: Nach welchen Präferenzen und Wertvorstellungen werden Bedürfnisse generiert, artikuliert und befriedigt? (berufspolitische ethische Dimension)

Diese Fragen lassen erkennen, dass die Managementfunktion der Sozialen Arbeit sich nicht auf das interne Management im Sinne der Unternehmensführung, -leitung und -gestaltung beschränken kann, sondern wirtschaftliche Ebenen über und unter der betrieblichen Ebene einbeziehen muss. Während die Makroebene den Rahmen für Organisationen gestaltet, werden auf der Meso- und der Mikroebene durch Management innerhalb der Organisationen die entscheidenden Weichen für die Umsetzung ethischer Ansprüche und für die ethische Reflexion gestellt. Diese wiederum wirken sich auf die Handlung der Mitarbeitenden im Kontakt zu den einzelnen Adressaten und im Umgang mit diesen auf die Nano- und die individuelle Ebene aus.

## 10.2 Corporate Governance

Corporate Governance kann verkürzt als Unternehmensführung bezeichnet werden. Bekannt ist der Deutsche Corporate Governance Kodex (DCGK), der sich als Regelsammlung guter Unternehmensführung für börsennotierte Unternehmen versteht. Meist haben Kodizes eine eher bescheidene Verbindlichkeit und Wirkung. Ihre Orientierungswirkung und ihr Einfluss z.B. auf gerichtliche Entscheidungen sind jedoch nicht zu unterschätzen. Nach spektakulären Unternehmenszusammenbrüchen haben nationale Gesetzgeber verschiedene Reformschritte unternommen mit der Zielsetzung von Transparenz, Kontrolleffizienz, der Festlegung von Sorgfaltspflichten der Beteiligten, der Verbesserung der Qualität von Prüfungen und der Stärkung des Vertrauens in die Unternehmensleitung (vgl. Solidaris 2007, 16). Gesetze wie das Gesetz zur Kontrolle und Transparenz im Unternehmensbereich (1998) verpflichten nicht nur Aktiengesellschaften, sondern auch Gesellschaften mit beschränkter Haftung. Das heißt die Regelungen zur „guten“ Unternehmensführung gelten auch für den Bereich der sozialen Unternehmen und werden von Gerichten, teilweise auch auf Vereine, angewendet. Daher ist es erforderlich, diese Grundlagen und Regeln zu kennen bzw. auf den Bereich sozialer Organisationen entsprechend anzuwenden oder anzugleichen.

Sozialtätige Unternehmen haben, wie andere Unternehmen auch, Eigentümer, Kontrollorgane und Leitungsorgane. Für diese Organe gelten wie im Bereich der Aktiengesellschaften Regelungen, die sich im Wesentlichen auf folgende Bereiche erstrecken (vgl. Solidaris 2007, 16 ff.):

- Errichtung eines Überwachungs und Risikomanagementsystems
- Abschluss mit erweiterter Angabe und Lagebericht, Konzernabschluss mit Kapitalflussrechnung und Eigenkapitalspiegel
- erweiterte Berichterstattung an das Aufsichtsgremium
- Zusammenarbeit zwischen Aufsicht und Abschlussprüfer
- Sorgfaltspflichten der Vorstände und Aufsichtsräte, die zur persönlichen Haftung führen können
- spezielle Anforderungen an die Jahresabschlussprüfung
- Unabhängigkeit der Jahresabschlussprüfung
- Veröffentlichung.

Neben diesen gesetzlichen Vorgaben beschreibt der Deutsche Corporate Governance Kodex weitergehende Regelungen und Empfehlungen. Dieser Kodex, entwickelt von einer Regierungskommission, ist direkt anzuwenden auf börsennotierte Gesellschaften, ist aber laut dieser Kommission auch auf Vereine anzuwenden, die u.a. steuerliche Privilegien in Anspruch nehmen (vgl. Solidaris 2007, 25 f.). Für einzelne Trägergruppen existieren eigene Vorgaben, wie zum Beispiel die Arbeitshilfe 182 der Deutschen Bischofskonferenz zu Sozialen Einrichtungen oder der Diakonische Corporate Governance Kodex. Die Bedeutung solcher Festlegungen wird wie folgt beschrieben:

> „Das wirtschaftliche Risiko, das die sozialtätigen Unternehmen eingehen, ist teilweise beträchtlich und damit auch die Tragweite der Entscheidungen, die in den Leitungsorganen getroffen werden. Die CG des sozialtätigen Unternehmens sollte dieser Verantwortung entsprechend gestaltet sein, und die Organe sollten in Größe, Zusammensetzung und Arbeitsweise an seine wirtschaftliche und fachliche Bedeutung angepasst werden" (Solidaris 2007, 34).

Als bedeutsame Instrumente einer „guten Unternehmensführung" werden verschiedene strukturelle Vorkehrungen beschrieben, so z.B. das duale Führungssystem, das aus der Geschäftsführung und einem Aufsichtsgremium besteht. Letzteres muss durch entsprechende Kompetenzen auch eine tatsächliche Aufsicht durchführen können. Daher müssen Mitglieder eines solchen Gremiums eine Unabhängigkeit gegenüber der Geschäftsführung haben und dürfen keine anderen Interessen als die des Unternehmens verfolgen. Praktisch geht es also darum, bei der Auswahl für die Besetzung eines solchen Gremiums entsprechende Personen zu berücksichtigen.

Weitere Sicherungsmaßnahmen müssen Risiken minimieren, dazu gehört das so genannte Vier-Augen-Prinzip (ein und dieselbe Person darf nicht verschiedene Phasen eines Geschäftsvorgangs bearbeiten, z.B. Einkauf und Zahlungsausgang), Beschränkungen des EDV-Zugangs, klare verschriftlichte Aufgaben und Verantwortungszuweisungen, innerbetriebliches Belegwesen. Zu einem umfassenden internen Überwachungssystem gehören eine interne Revision, ein internes Kontrollsystem, Controlling und ein Berichtswesen (vgl. Solidaris 2007, 54 f.). Alle diese Instrumente dienen der Transparenz und der Dokumentation von Entscheidungs- und Verantwortungswegen innerhalb einer Organisation. Eine Fortschreibung dessen ist ein Risikomanagementsystem: „Ein Risikomanagementsystem (RMS) systematisiert und dokumentiert den Prozess der Risikoidentifikation, Risikoanalyse, Risikobewältigung und Risikosteuerung", dabei wird unter Risiko „die negative Abweichung von den zuvor definierten Unternehmenszielen" verstanden (Solidaris 2007, 56).

Alle Maßnahmen im Bereich der Corporate Governance dienen auch dazu, Haftungsrisiken zu minimieren bzw. klare Verantwortlichkeiten zu benennen. Gerade bei größeren Organisationen ist eine solche Klarheit wichtig, da Gerichte zunehmend Geschäftsführungen für unklare Strukturen und dadurch verursachte Schäden haftbar machen. Ohne dies hier zu vertiefen, sei deutlich hervorgehoben, dass z.B. ein eingetragener Verein grundsätzlich mit seinem Vereinsvermögen haftet, aber Vorstandsmitglieder eines solchen durchaus auch privat haften müssen, wenn es z.B. um die Zahlung von Sozialversicherungsbeiträgen oder Steuern geht oder ein Insolvenzantrag nicht rechtzeitig gestellt wird. Dabei entsteht eine Haftung nicht erst durch vorsätzliches Handeln, sondern vielmehr bereits durch eine Verletzung der Sorgfaltspflicht. „Eine Verletzung von Sorgfaltspflichten wird dabei unabhängig von der Frage, ob das zugrunde liegende Rechtsverhältnis entgeltlich oder unentgeltlich ist, angenommen. Haftungsprivilegien für Ehrenamtler kennt die Rechtssprechung regelmäßig nicht" (Solidaris 2007, 85).

Es gibt zwar die Möglichkeit, diese Risiken durch Versicherungen einigermaßen zu minimieren (durch eine Vermögensschadenshaftpflichtversicherung oder eine „Directors and Officers Liability Insurance" (Managerhaftpflicht)), aber diese Versicherungen gehen auch nur für sie kalkulierbare Risiken ein zu einem entsprechenden Preis und stehen zum anderen auf dem Prüfstand, insbesondere was die volle Abdeckung der Haftung angeht.

## 10.3 Corporate Social Responsibility

Unternehmen engagieren sich sozial. Ein großer Teil des Sozialbudgets wird von Unternehmen aufgebracht (Sozialversicherungsbeiträge, Lohnfortzahlung im Krankheitsfall, betriebliche Zusatzrenten u.Ä.). Aus Unternehmenssicht mag daher der Satz gelten „was Soziale Arbeit an Geld benötigt, muss zuerst einmal erwirtschaftet werden". Dass Soziale Arbeit jedoch dafür sorgt, dass Rahmenbedingungen wie ein Zusammenhalt der Gesellschaft, Erziehung und Bildung erst wirtschaftliches Handeln möglich machen, wird dabei übersehen. Kosten Sozialer Arbeit als Investitionen zu sehen, ist nicht nur sozialpolitisch geboten, sondern auch volkswirtschaftlich. Ein relativ neues Feld ist das direkte soziale Engagement von Unternehmen, z.B. in der Unterstützung sozialer Initiativen oder ein Corporate Volunteering, das Unternehmensmitarbeiter zum Nutzen von sozialen Organisationen und Unternehmen in der Sozialen Arbeit beschäftigt, um dort Probleme zu bewältigen, Know-how von Wirtschaftsunternehmen zu nutzen und gleichzeitig die sozialen Kompetenzen der Mitarbeiter und Führungskräfte zu stärken. Andere Möglichkeiten sind die direkte finanzielle oder sachliche Unterstützung von sozialen Diensten und Einrichtungen durch Geld oder Sachspenden. In diesem Kontext sind auch die Lebensmittelspenden an die so genannten „Tafeln" zu sehen. Vielfach stellen Unternehmen in ihren Jahresberichten und Bilanzen ihren Beitrag zum Gemeinwesen eindrucksvoll dar und versehen diese nicht nur mit einem Umwelt- und Nachhaltigkeitsbericht, sondern auch mit einem Sozialbericht.

Weitere aus dem angloamerikanischen Raum kommende Begrifflichkeiten sind die Corporate Social Responsibility (CSR) und die Corporate Citizenship (vgl. Braun 2008, 6). Gemeinsam ist allen genannten Formen „die Idee, dass Unternehmen über gesetzliche

Vorgaben und über ihre eigentliche Geschäftstätigkeit hinaus in selbst gewählten gesellschaftlichen Bereichen und eigens initiierten Projekten von ihrer Freiheit zum Engagement Gebrauch machen (sollten)" (a.a.O, 6 f.). Anhand von computergestützten Telefoninterviews bei 501 Unternehmen im Jahre 2006 waren 91 % dieser Unternehmen im Bereich des Corporate Giving (Sach- und Geldspenden, Durchführung von Spendenaktionen, Stiftungsgründungen) tätig, 60,5 % im Corporate Volunteering (u.a. auch Bereitstellung von Mitarbeitern für gesellschaftliches Engagement) und 54,1 % stellten kostenlose Dienste (Nutzung von Betriebseinrichtungen, Bereitstellung von Dienstleistungen) zur Verfügung (vgl. a.a.O., 10).

Es geht hier weder darum, ein solches Engagement als die Zukunft des sozialen Engagements zu preisen, noch darum, jegliches Bemühen von Unternehmen als verdächtig zu bewerten. Schließlich sollte eine Wirtschaft, die eine gesellschaftliche Funktion hat, über die eigennützige Gewinnererzielung einen Beitrag zum gesellschaftlichen Wohlstand auch für andere leisten.

Corporate Social Responsibility hat jedoch Grenzen, zum einen in gesetzlichen Vorgaben, zum anderen in konjunkturellen Schwankungen und der lobenswerten, aber doch nicht auf die Zukunft hin verbindlichen Freiwilligkeit. Mit gesetzlichen Vorgaben ist z.B. das Aktiengesetz gemeint, das die Aktiengesellschaften dazu verpflichtet, im Sinne der Aktionäre („Shareholder") zu agieren. Ein gesellschaftliches Engagement, das sich gegenüber den Kapitalgebern nicht als Gewinn darstellen lässt, würde eine Aktiengesellschaft daher in Schwierigkeiten bringen. Bakan beschreibt CSR als einen Gegensatz zu den Zielen einer Aktiengesellschaft. Soweit deren Repräsentanten vom Geld anderer abhängig seien, hätten sie sogar die legale Autorität, solche CSR-Ziele nur so weit zu vertreten, dass sie den maximalen Wert für die Aktionäre bedeuteten. So gesehen sei CSR für die Aktiengesellschaften illegal, zumindest wenn sie aufrichtig und ehrlich gemeint sei (vgl. Bakan 2005, 37). Unternehmen können ihr freiwilliges Engagement je nach wirtschaftlicher Lage auch zurückfahren, es gibt keine Garantien für das weitere Bestehen des Unternehmens oder gar einen rechtlichen Anspruch auf dieses Engagement.

Wenn sich Initiativen und Träger Sozialer Arbeit allein auf ein unternehmerisches Engagement verlassen, sind sie irgendwann auch verlassen. Corporate Social Responsibility kann für die Soziale Arbeit ein nettes „Zubrot" sein, darf aber nicht den Blick darauf verstellen, dass Soziale Arbeit verlässliche Strukturen, sichere Einnahmequellen und professionelles Personal benötigt, um wirksam handeln zu können. Corporate Social Responsibility kann Unternehmen in der Aufgabe und der Sensibilität gegenüber sozialen Problemlagen stärken und zu einer Partnerschaft mit Partnern der Sozialen Arbeit „auf Augenhöhe" beitragen.

## 10.4 Weiterführende Literatur

Bakan, Joel 2005: The Corporation. The Pathological Pursuit of Profit and Power, London

Solidaris UnternehmensberatungsGmbH (Hrsg.) 2007: Corporate Governance sozialtätiger Unternehmen. Grundlagen und Hinweise für Verantwortliche in Geschäftsführungs- und Aufsichtsgremien, Köln

## 10.5 Fragen zu Kapitel 10

- Welche Chancen und Grenzen haben Berufskodizes für das Management bzw. für die Soziale Arbeit?
- Was zeichnet eine Organisationsethik gegenüber einer Wirtschaftsethik oder Individualethik aus?
- Kann sich Soziale Arbeit selbst reflektieren?
- Welche Auswirkungen hat die Diskussion um Corporate Governance auf die Soziale Arbeit?
- Erläutern Sie die Grundzüge einer Corporate Social Responsibility!

11

# 11. Perspektiven: Soziales Managen

Managen innerhalb der Sozialen Arbeit hat besondere Perspektiven und Aufgaben, die über das Steuern und Leiten einer Organisation hinausgehen (vgl. Kapitel 4.3). Abschließend sollen einige Aspekte eines anderen Managens, eines sozialen Managens aufgezeigt werden.

## 11.1 Einflüsse auf Politik und Wirtschaft

Soziale Arbeit ist stark abhängig von der jeweiligen Sozialpolitik, die keinesfalls nur nationalstaatlich begrenzt ist (europäische Rahmenbedingungen, Empfehlungen der OECD usw.). Leitungs- und Steuerungsfunktionen innerhalb der Sozialen Arbeit haben einen direkten und einen indirekten Einfluss auf sozialpolitisches Handeln. Direkt meist über Lobbytätigkeiten und Beteiligungen bzw. Anhörungen in parlamentarischen Gremien, indirekt durch Verbände, Zusammenschlüsse und die öffentliche Darstellung und Wahrnehmung ihrer Organisationen.

Die öffentliche Wahrnehmung Sozialer Arbeit und ihrer Organisationen ist abhängig von der konkreten Tätigkeit im Feld.

Doch das Management Sozialer Arbeit darf sich nicht nur auf die Sozialpolitik verlassen, sondern muss auf andere Politiken als Querschnittspolitik wirken. Wenn sich Soziale Arbeit als wichtige Funktion einer sozialen Marktwirtschaft, als Verwirklichung des grundgesetzlichen Sozialstaatsgebotes und als wichtiges Entwicklungsfeld einer demokratischen Gesellschaft versteht, dann sind mit ihr auch andere entscheidende Politikfelder betroffen. Diese politischen Gestaltungsbereiche spielen in unterschiedlicher Weise auch auf der Landes- und Bundesebene eine Rolle, die es von Seiten eines Managements sozialer Einrichtungen zu beobachten und beeinflussen gilt. Das fängt bei der Gesetzgebung für die frühe Kindheit an, geht über die Verteilung von Steuergeldern für verschiedene Zwecke, die Gestaltung des Strafrechts und der dahinterliegenden Vorstellung von Sanktionen, die Rahmensetzung für wirtschaftliches Handeln, eine gerechtere Steuergesetzgebung bis hin zu europäischen und internationalen Rahmen- und Perspektivengestaltungen.

Der Einbezug all dieser noch lange nicht abschließend genannten Politikfelder ist (natürlich in unterschiedlichen Anteilen) für das Management sozialer Dienste und Einrichtungen nicht nur für die zukünftige Gestaltung eines Dienstleistungsangebotes, etwa in Form einer SWOT-Analyse (Strengths, Weaknesses, Opportunities, Threats) von Bedeutung, sondern auch im Sinne der Gestaltung der sozialen Umwelt als wichtigem Auftrag Sozialer Arbeit, die sich dem Individuum in seinen sozialen Bezügen widmet. Elsen sieht die Aufgabe Sozialer Arbeit offensiv in einer sozialökonomischen Dimension: „Erforderlich ist die Neubestimmung des Verhältnisses von Sozialer Arbeit und Ökonomie, wenn sich das dominante Wirtschaftssystem immer stärker gegen die Gesellschaften und ihre schwächsten Mitglieder wendet. Soziale Arbeit muss unter diesen Bedingungen über die soziale Flankierung des Marktes hinausgehen und eigenständige sozialökonomische Komplementär- und Alternativstrukturen in der zivilen Gesellschaft verteidigen und schaffen" (Elsen 2009, 180). Elsen beschreibt eine Gemeinwesenökonomie mit u.a. genossenschaftlichen Strukturen als reale Utopie (vgl. a.a.O., 187). Normative Prämissen solidarökonomischer Bewegungen sind:

„a) demokratische Unternehmenskultur (nominales Stimmrecht: one person, one vote)
b) inklusives Eigentum (Nutzungseigentum)
c) bedarfswirtschaftliches Handeln (nicht primär profitorientiert)
d) Gewinnverwendung (Zweckbindung des Gewinns)
e) soziale Einbindung“ (a.a.O., 186).

„Ansatzpunkt sozialpolitischer Reformbemühungen sollte tatsächlich die Arbeitslosigkeit sein. Doch Arbeitslose und Arme müssen durch kollektive Selbstorganisation zu einer sozialen Bewegung werden können. Tatsächlich zielte keine der arbeitsmarktpolitischen Maßnahmen in Deutschland seit den 1970er Jahren auf kooperative Selbsthilfe“ (a.a.O., 198). Gerade diese Aussagen machen deutlich, dass ein professionelles Selbstverständnis Sozialer Arbeit über den Status quo und das Einrichten in vorhandenen Strukturen hinausgehen muss. Eine politische und wirtschaftliche Einmischung dient der Schärfung des Profils einer Profession, die selbstbewusst ihre Leistung für eine demokratische und solidarische Gesellschaft über die Begrenztheiten des Alltages in den sozialen Einrichtungen hinaus versteht.

Zusammenfassend bedeutet der Einfluss des Managements sozialer Organisationen eine Einmischung in für die Gesellschaft und die sozialen Umwelten bedeutsame Felder der Politik und der Wirtschaft.

## 11.2 Bezüge zu gesellschaftlichen Problemlagen

Das Management Sozialer Arbeit muss sich an dem Beitrag zur nachhaltigen Lösung gesellschaftlicher Problemlagen messen lassen. Wenn das oft als antiquiert angesehene Prinzip der „Hilfe zur Selbsthilfe“ oder das heute als Eigenverantwortung benannte Stichwort von Bedeutung sein soll, dann muss die Wirkung Sozialer Arbeit auch in einem von ihrem eigenen Anspruch gestalteten Maßstab mess- und vor allem auch artikulierbar gemacht werden. Wichtige Beiträge dazu kann eine Sozialarbeitswissenschaft leisten, die sich als angewandte Handlungswissenschaft versteht. Das Management sozialer Einrichtungen muss soziale Problemlagen zum einen erkennen, zum anderen aber die Wirkung von Sozialer Arbeit zur Vermeidung oder Beseitigung dieser Problemlagen beschreiben und darstellen können. Ersteres ist eine analytische Aufgabe, die eine systematische Wahrnehmung relevanter Umwelten bedeutet. Der zweite Bereich ist die forschungsbasierte Wirkungsanalyse und die entsprechende Steuerung, die sich an den beabsichtigten Wirkungen orientiert.

In beiden Feldern ist der Bezug zur Forschung offensichtlich. Dabei wird offenkundig, dass es weder darum gehen kann, sich bei der Positionierung eines sozialen Unternehmens bzw. einer Organisation allein nach subjektiven momentanen Befindlichkeiten auszurichten, noch darum, komplexe Phänomene auf einfache Zahlen oder lineare Determinationen zu reduzieren. Hier ist in beiden Fällen eine adäquate Forschung innerhalb der Sozialen Arbeit gefragt. Anfänge im Bereich einer quantitativen Wirkungsforschung werden durch den Ansatz der „evidence based social work" unternommen, die einer Ergänzung durch qualitative und rekonstruktive Ansätze bedürfen, schließlich und endlich lassen sich Lebenslagen weder standardisieren noch mit standardisierten medikamenten- oder rezeptähnlichen Interventionen „behandeln".

Schließlich zeigt sich hier die Verbindung zur Politik: Zum aktiven Handeln bei und im Vorfeld von erkennbaren sozialen Problemen muss Management in der Sozialen Arbeit Stellung beziehen und Handlungsalternativen darstellen. Dazu gibt es zahlreiche Erkenntnisse, die allerdings oft eine wissenschaftliche Aufbereitung benötigen.

## 11.3 Sozialraumbezüge

Soziale Arbeit lebt und wirkt in sozialen Kontexten und Räumen. Lokale und regionale Bezüge und Versorgungssysteme sind eine zu berücksichtigende relevante Umwelt von Sozialer Arbeit. Dabei geht es weniger um den Sozialraum als Verwaltungseinheit im Sinne eines Stadtteils, sondern um lebensweltliche Bezugsgrößen, in denen tatsächliche Beziehungen stattfinden im Sinne eines „Dritten Sozialraums" zwischen Familie und Gesellschaft (vgl. Dörner 2007). In dieses Feld hinein wirkt das Management der einzelnen sozialen Organisation und dieses Feld bedarf auch des Managements. Die bisher oft geübte

Praxis einer problemzentrierten Hilfe in einzelnen Fachdiensten führte zu einer Zergliederung und Fragmentierung einzelner Sektoren (Gesundheit, Jugend, Soziales) (vgl. Schubert 2009, 6). Schubert sieht hier Notwendigkeiten der Netzwerkkooperation. Eine solche ist

„(a) operativ auf einen Primärprozess auszurichten (z.B. kindliche Sozialisation),

(b) als Vernetzung komplementärer Kompetenzen zu entwickeln und

(c) vertikal (innerhalb eines Fachbereiches) oder diagonal (über mehrere Fachbereiche hinweg) nach dem fokalen Steuerungsmodus zu organisieren, um das Zusammenwirken der Akteure adressaten-, qualitäts- und wirkungsbezogen zu koordinieren“ (Schubert 2009, 9).

Dass der Sozialraum als Gemeinwesen neu zu denken und zu entwickeln ist (vgl. auch die Diskussion um den „Dritten Sektor“), wird in der Begrifflichkeit der „enabling community“ deutlich: „Eine Enabling Community ist ein Gemeinwesen, das zur rechtlichen und sozialen Inklusion seiner Bürger kontinuierlich befähigt werden muss und durch diesen Prozess zu einem Gemeinwesen werden kann, das befähigend wirkt. Erst wenn sich sämtliche Akteure in einem Gemeinwesen ihrer kollektiven Verantwortung (Inklusion voranzutreiben) bewusst werden und für jedes Mitglied weitestgehend Teilhabe und Teilhabemöglichkeiten bereitgestellt sind, kann die Vision einer Enabling Community Wirklichkeit werden“ (Evangelische Stiftung 2009, 5). Ausgehend von Reformen in der Behindertenhilfe (Auflösung größerer stationärer Einheiten, Inklusion in das Gemeinwesen) wird mit der „Enabling Community“ das Gemeinwesen neu fokussiert. Eine solche Neuorientierung betrifft dann auch die zukünftige Ausrichtung der Unternehmen im Feld Sozialer Arbeit und die Finanzierungsstrukturen. Geht das Engagement über eine lockere Netzwerkverknüpfung hinaus, hindern derzeit die fallbezogenen Finanzierungsstrukturen eine konsequente Ausrichtung nach dem Sozialraum. Zukünftig müsste die Finanzierung in Richtung Person und Sozialraum laufen. Im Hinblick auf die Tradition einer Sozialen Arbeit, die sich auch als im Sozialraum arbeitend sieht, ist diese Richtung keineswegs neu, es geht hier allenfalls um eine konsequente Umsetzung auch in den Strukturen derzeitiger und zukünftiger Sozialer

Arbeit: „Soziale Unternehmen müssen ihren Fokus um die Perspektive des Sozialraums erweitern. Weil der Sozialraum der erste Bewährungsort von Inklusion ist, er eine inkludierende Wirkung hat und sich durch neue Kooperationsdesigns in ihm auch ein relevanter Markt für innovative Angebote abbildet, wäre es auch aus unternehmerischer Sicht unklug, sich hier nicht zu engagieren. Vernetzte Angebote im Sozialraum können die „Marktstellung" von Sozialunternehmen erheblich stärken. In ökonomischer Perspektive können sie ein Beitrag zur Kostenminimierung sein und Schnittstellenprobleme minimieren" (a.a.O., 16). In diesem Zusammenhang ist auch eine andere Aus- und Weiterbildung in Richtung dieser Community erforderlich beispielsweise durch Networker: „Community Networker stellen Kontakte zu Bürgern/Bürgerinnen, ansässigen Kirchengemeinden, Vereinen und Unternehmen des Sozialraums her und pflegen diese nachhaltig, damit längerfristige und verlässliche Entwicklungspartnerschaften innerhalb des Gemeinwesens entstehen können" (a.a.O., 17).

## 11.4 Weiterführende Literatur

Elsen, Susanne 2009: Soziale Arbeit und die Ökonomie des Gemeinwesens. Überlegungen zu einer sozialpolitischen Entwicklungsaufgabe. In: Maier, Konrad (Hrsg.): Soziale Arbeit in der ‚Krise der Arbeitsgesellschaft', Freiburg, S. 180-202

Evangelische Stiftung Alsterdort und Katholische Hochschule für Sozialwesen, Berlin 2009: Enabling Community Gemeinwesen zur Inklusion befähigen!, Berlin

Schubert, Herbert 2009: NetzwerkManagement: Prozessketten knüpfen. In: Sozialwirtschaft 2/2009, S. 69

## 11.5 Fragen zu Kapitel 11

- Weshalb muss Management in der Sozialen Arbeit Einfluss auf Wirtschaft und Politik ausüben?
- Wie kann das Management die Lösung gesellschaftlicher Problemlagen beeinflussen?
- Welche Bedeutung kann Management auf lokale Versorgungssysteme haben?

12

# 12. Ausblick

Managen als Gestalten und Steuern ist eine wichtige Aufgabe in sozialen Organisationen. Das „Soziale" zu managen birgt Herausforderungen, die über eine Orientierung an betrieblichen und betriebswirtschaftlichen Notwendigkeiten hinausgehen und hinauswirken, ohne dass diese vernachlässigt werden dürfen. Erste Modelle zeigen dies eindrucksvoll auf. Betrachtungen der „Branche" Sozialwirtschaft deuten darauf hin, dass gesellschaftliche und wirtschaftliche Dimensionen sozialer Organisationen „oberhalb der Organisation" noch zu wenig Berücksichtigung finden oder aber von den Verantwortlichen innerhalb der Sozialen Arbeit zwar wahrgenommen, aber noch nicht adäquat gestaltet werden.

Management als Gestaltung zu verstehen bedeutet eine Vielfalt von Managementmethoden zu kennen und kreativ zu nutzen, im Sinne einer Ausrichtung auf den Zweck und die Zielsetzung der Organisation und mit Blick auf die Verbesserung der individuellen und gesellschaftlichen Lebenssituationen. Wichtig ist die Prüfung des jeweils dahinterstehenden Menschenbildes. Ein Bild des effizienten Menschen, der nur durch monetäre Anreizsysteme motiviert werden kann, wird weder den Werten Sozialer Arbeit noch den psychologischen und soziologischen Erkenntnissen über den Menschen gerecht. Dass dabei nicht nur die „weichen" Fakten und Faktoren eine Rolle spielen, sondern auch, aber eben nicht nur, „harte" monetäre Steuerungsgrößen, bedarf keiner weiteren Erläuterung. Management muss immer in einen gesellschaftlichen, moralischen und rechtlichen Rahmen eingebunden sein und sollte nie als Selbstzweck einer Organisation verstanden werden, am allerwenigsten in der Sozialen Arbeit.

Über die Soziale Arbeit hinaus hat angesichts krisenhafter Entwicklungen in allen Wirtschaftsbereichen, mit enormen Kosten für das Gemeinwohl (siehe z.B. die Massenarbeitslosigkeit), ein anderes als das bisherige Managen, eben ein soziales Managen nicht nur enorme Potentiale, sondern ist auch notwendig. Dies allerdings nur insofern, dass es, wie seine historischen Ursprünge zeigen, sich an ethischen Prinzipien ebenso orientiert wie an einer gemeinwohlorientierten Gestaltung seiner Einflüsse auf gesellschaftlich relevante Entscheidungsfunktionen. In diesem Sinne kann und sollte ein anderes Managen des Sozialen als soziales Managen über den engen Bereich der Sozialen Arbeit oder der Sozialwirtschaft hinaus wirken. Es kann dem Management, den Organisationen und Unternehmen, den von Management betroffenen Menschen und der Gesellschaft nur nützen, wenn dieses Management dazu beiträgt, dass der Mensch nachhaltig in allen seinen Bezügen Berücksichtigung findet.

# 13. Literaturverzeichnis

Albert, Martin 2006: Soziale Arbeit im Wandel. Professionelle Identität zwischen Ökonomisierung und ethischer Verantwortung, Hamburg

Arnold, Uli/Maelicke, Bernd (Hrsg.) 2009: Lehrbuch der Sozialwirtschaft, 3. Auflage, Baden Baden

Arnold, Uli 2009a: Qualitätsmanagement in Sozialwirtschaftlichen Organisationen. In: Arnold, Uli/Maelicke, Bernd (Hrsg.), S. 458-496

Arnold, Uli 2009b: Sozialmarketing. In: Arnold, Uli/Maelicke, Bernd (Hrsg.), S. 550-600

Backhaus-Maul, Holger 2009: Akteure in der Sozialwirtschaft: Institutionalisierte Routinen und neue Gestaltungsspielräume. In: Archiv für Wissenschaft und Praxis der sozialen Arbeit 3/2009. S. 62-84

Bader, Cornelia 2005: Überlegungen zum Verhältnis Ökonomie, Soziale Arbeit und Management. In: Fröse, Marlies W. (Hrsg.), S. 163-177

Bakan, Joel 2005: The Corporation. The Pathological Pursuit of Profit and Power, London

Bassarak, Herbert/Wöhrle, Armin (Hrsg.) 2008: Sozialwirtschaft und Sozialmanagement im deutschsprachigen Raum. Bestandsaufnahmen und Perspektiven, Augsburg

Beywl, Wolfgang /Kehr, Jochen/Mäder, Susanne/Niestroj, Melanie 2007: Evaluation Schritt für Schritt: Planung von Evaluationen, Münster

Beywl, Wolfgang/Schepp-Winter, Ellen 1999: Zielfindung und Zielklärung – ein Leitfaden. In: Bundesministerium für Familie, Senioren, Frauen und

Jugend (Hrsg.), Materialien zur Qualitätssicherung in der Kinder und Jugendhilfe. Qs 21, Bonn

Birzele, Hans-Joachim/Thieme, Lutz 2007: Sozialmarketing, Schwalbach/ Ts.

Bleiber, Reinhard 2006: Crashkurs Controlling, 3. aktualisierte Auflage, Planegg

Bonazzi, Giuseppe 2008: Geschichte des organisatorischen Denkens, Wiesbaden

Bosshart, Martina 2009: Eine anspruchsvolle Generalistentätigkeit. NPO-Management im Sozialbereich – eine Praxissicht. In: Sozial Aktuell 11/2009, S. 30-31

Bourdieu, Pierre 1983: Ökonomisches Kapital, kulturelles Kapital, soziales Kapital. In: Kreckel, Reinhard (Hrsg.), Soziale Ungleichheiten. Soziale Welt, Sonderband 2, Göttingen, S. 183-198

Braun, Sebastian 2008: Gesellschaftliches Engagement von Unternehmen in Deutschland. In: Aus Politik und Zeitgeschichte 31/2008, S. 614

Braun, Sebastian 2002: Soziales Kapital, sozialer Zusammenhalt und soziale Ungleichheiten. Integrationsdiskurse zwischen Hyperindividualismus und der Abdankung des Staates. In: Aus Politik und Zeitgeschichte 29-30/2002, S. 612

Brodbeck, Felix C. 2008: Evidenzbasiertes (Veränderungs)Management. Einführung und Überblick. In: Organisations-Entwicklung 1/2008, S. 49

Brunner, Franz J./Wagner, Karl W. 2008: Taschenbuch Qualitätsmanagement. Leitfaden für Studium und Praxis, 4., überarbeitete Auflage, München

Buckingham, Marcus/Coffman, Curt 1999: First, break all the rules. What the world's greatest managers do differently, New York

Bürgisser, Herbert 2009: Sozialmanagement und Sozialwirtschaft in der Schweiz [Vortrag am 12. Februar 2009 der Internationalen Arbeitsgemeinschaft Sozialmanagement und Sozialwirtschaft in Nürnberg]

Bürgisser, Herbert 2008: Bedeutung von Sozialmanagement und Sozialwirtschaft in der Schweiz [Vortrag auf dem Vierländerkongress am 24. April 2008 in Luzern]

Bürgisser, Herbert/Stremlow, Jürgen/Kessler, Oliver/Buerkli, Christoph/ Bergen, Matthias von 2008: Anwendung und Weiterentwicklung betriebswirtschaftlicher Managementmodelle für das Sozialmanagement an der Hochschule Luzern – ein Werkstattbericht. In: Bassarak, Herbert/Wöhrle, Armin (Hrsg.), S. 215-222

Cleppien, Georg 2008: Freiheit statt Kontrolle. Zur Aneignung managementtheoretischer Legitimationsstrategien in der Sozialen Arbeit. In: Neue Praxis 5/2008, S. 521-539

Crainer, Stuart 1999: Managementtheorien, die die Welt verändert haben, Niedernhausen/Ts.

Davis, Stan/Meyer, Christopher 2000: Das Prinzip Unschärfe. Managen in Echtzeit, Niedernhausen/Ts.

DeGEval. Standards für Evaluation, www.degeval.de/calimero/tools/proxy.php?id=19076 vom 11. März 2010 um 10:41 Uhr MEZ

Deinet, Ulrich/Icking, Maria 2008: Die Entwicklung kommunaler Qualitäts- und Wirksamkeitsdialoge. In: Deinet, Ulrich/Szlapka, Marco/Witte, Wolfgang, Qualität durch Dialog, Wiesbaden, S. 15-112

DeMarco, Tom 1998: Der Termin. Ein Roman über Projektmanagement, München

Deutsche Gesellschaft für Personalführung 2002: Unternehmensentwicklung durch integrierte Personal- und Organisationsentwicklung, Düsseldorf

Deutscher Verein für öffentliche und private Fürsorge 2010: Eckpunkte für ein kooperatives Qualitätsmanagement von Leistungsträgern und Leistungserbringern in sozialen Hilfesystemen. In: Nachrichtendienst 5/2010, S. 216-223

Doppler, Klaus/Lauterburg, Christoph 2005: Change-Management: Den Unternehmenswandel gestalten, 11. aktualisierte und erweiterte Auflage, Frankfurt/M./New York

Dörner, Klaus 2007: Leben und sterben, wo ich hingehöre. Dritter Sozialraum und neues Hilfesystem, 4. Auflage, Neumünster

Drucker, Peter u.a. 2009: Die fünf entscheidenden Fragen des Managements, Weinheim

Drucker, Peter 2006a: Unternehmen effektiv führen, Harvard Business Manager, November 2006, S. 95-96

Drucker, Peter 2006b: Von gemeinnützigen Organisationen lernen, Harvard Business Manager, November 2006, S. 97-100

Drucker, Peter 2005: Was ist Management? Das Beste aus 50 Jahren, 4. Auflage, München

Elsen, Susanne 2009: Soziale Arbeit und die Ökonomie des Gemeinwesens. Überlegungen zu einer sozialpolitischen Entwicklungsaufgabe. In: Maier, Konrad (Hrsg.), Soziale Arbeit in der ‚Krise der Arbeitsgesellschaft', Freiburg, S. 180-202

Elsen, Susanne (Hrsg.) 2000: Soziale Arbeit und Ökonomie, Neuwied

Elsen, Susanne 1998: Gemeinwesenökonomie – eine Antwort auf Arbeitslosigkeit, Armut und soziale Ausgrenzung, Neuwied

Engelke, Ernst/Spatschek, Christian/Borrmann, Stefan 2009: Die Wissenschaft Soziale Arbeit, 3. Auflage, Freiburg

Erlei, Mathias/Leschke, Martin/Sauerland, Dirk 2007: Neue Institutionenökonomik, 2. Auflage, Stuttgart

Erlei, Mathias/Schmidt-Mohr, Udo 2005: Prinzipal-Agent-Theorie (Artikel). In: Gabler Wirtschafts-Lexikon, Wiesbaden, S. 2391-2393

Evangelische Stiftung Alsterdort und Katholische Hochschule für Sozialwesen Berlin 2009: Enabling Community Gemeinwesen zur Inklusion befähigen!, Berlin

European Foundation for Quality Management 2009: The EFQM Excellence Model. In: http://ww1.efqm.org/en/Home/aboutEFQM/Ourmodels/TheEFQMExcellenceModel/tabid/170/Default.aspx, eingesehen am 30. November 2009 um 11:07 Uhr MEZ

European Venture Philanthropy Association 2009: What is Venture Philanthropy? In: http://www.evpa.eu.com/venturephilanthropy.php, eingesehen am 23. November 2009 um 16:08 Uhr MEZ

Felger, Susanne/Paul-Kohlhoff, Angela 2004: Human Resource Management. Konzepte, Praxis und Folgen für die Mitbestimmung, Düsseldorf

Finis Siegler, Beate 2009: Ökonomik Sozialer Arbeit, 2. überarbeitete und erweiterte Auflage, Freiburg

Fröse, Marlies W. 2005a: Komplexität managen – das Darmstädter Management-Modell. In: Fröse, Marlies W. (Hrsg.), S. 353-399

Fröse, Marlies W. (Hrsg.) 2005b: Management Sozialer Organisationen, Bern

Gensch, Ingo 1996: Vision, Leitbild und Unternehmensgrundsätze. In: Bertelsmann Stiftung u.a. Unternehmensleitbild, Gütersloh, S. 25-34

Gerull, Peter 2000: Zertifizierung von Qualitätsmanagementsystemen in der Kinder und Jugendhilfe: Zur Problematik externer Beurteilungen. In: Irskens, Beate/Vogt, Herbert (Hrsg.), S. 52-59

Grunwald, Klaus (Hrsg.) 2009: Vom Sozialmanagement zum Management des Sozialen? Eine Bestandsaufnahme, Baltmannsweiler

Grün, Anselm 2002: Menschen führen, Leben wecken, Münsterschwarzach

Haken, Hermann/Schiepek, Günter 2006: Synergetik in der Psychologie: Selbstorganisation verstehen und gestalten, Göttingen

Halfar, Bernd 2009: Wirkungsorientiertes Controlling. In: Sozialwirtschaft 5/2009, S. 68

Haubl, Rolf/Voß, Günter G. 2009: Psychosoziale Kosten turbulenter Veränderungen. Arbeit und Leben in Organisationen 2008. In: Positionen. Beiträge zur Beratung in der Arbeitswelt 1/2009, S. 18

Heiner, Maja 1996: Evaluation zwischen Qualifizierung, Qualitätsentwicklung und Qualitätssicherung. Möglichkeiten der Gestaltung von Evaluationssettings. In: Heiner, Maja (Hrsg.), Qualitätsentwicklung durch Evaluation, Freiburg, S. 20-47

Heller, Robert 2002: Managerhandbuch, Starnberg

Hemel, Ulrich 2008: Wertschöpfung durch Wertschätzung. Werteorientierte Unternehmensführung in der Praxis. In: Organisations-Entwicklung 4/2008, S. 30-37

Hengsbach, Friedhelm 2009: Aus der Krise lernen. Die Rückkehr der Gerechtigkeitsfrage [Vortrag am 8. Oktober 2009 an der Fachhochschule Koblenz, Power-Point-Präsentation]

Herzka, Michael 2009: Zwischen gesellschaftlichem Auftrag und ökonomischen Zwängen. Management in sozialen Organisationen: die Anforderungen an die Führungsausbilung. In: Sozial Aktuell 11/2009, S. 28-30

Hopmann, Andreas 2009: Soziale Unternehmen erfolgreich steuern. In: Sozialwirtschaft 5/2009, S. 9-12

Institut für Evaluation Dr. Beywl & Associates GmbH 2006: Rund um den Evaluationsbegriff. In: www.univation.org am 19.11.2006 16.45 Uhr MEZ

International Federation of Social Workers (IFSW) 2009: Definition of Social Work. In: http://www.ifsw.org/p38000208.html am 14.12.2009 18:23 Uhr MEZ

Irskens, Beate/Vogt, Herbert 2000: Kernfragen der Qualitätsdiskussion. In: dies. (Hrsg.), Qualität und Evaluation, Frankfurt/M., S. 10-19

Kaminsky, Carmen 2008: Soziale Arbeit am Limit: Konzeptionelle Begrenzungen einer Profession [Vortrag am 14.11.2008 auf dem Berufskongress Soziale Arbeit in Köln [eigene Notizen]]

Kannicht, Andreas o. J.: Führungsdimensionen. [Download von http://www.systemischeprofessionalitaet.de/isbweb/content/view/327/347/ am 22. Oktober 2009 um 9:29 Uhr MESZ]

Keupp, Heiner 2004: Die Suche nach der Qualität Sozialer Arbeit im Spannungsfeld von Markt, Staat und Bürgergesellschaft. In: Peterander, Franz/Speck, Otto (Hrsg.), S. 326-340

Khurana, Rakesh/Nohria, Nitin 2009: Die Neuerfindung des Managers. In: Harvard Business Manager, Januar 2009, S. 20-32

Knorr, Friedhelm 2003: Projektmanagement für soziale Dienstleister. Projekte fachlich und zielorientiert steuern, Regensburg

König, Joachim 2007: Einführung in die Selbstevaluation: Ein Leitfaden zur Bewertung der Praxis sozialer Arbeit, Freiburg

Königswieser, Roswitha/Exner, Alexander 1999: Systemische Intervention. Architekturen und Designs für Berater und Veränderungsmanager, 3. Auflage, Stuttgart

Kortendieck, Georg 2009: Strategisches Management im Sozialen Bereich, Augsburg

Kraus, Georg/Westermann, Reinhold 2006: Projektmanagement mit System. Organisation, Methoden, Steuerung, 3. Auflage, Wiesbaden

Kühl, Stefan 2007: Lob der Heuchelei. Die Zeit, Nr. 39, 20. September 2007, S. 14

Lawler, John/Bilson, Andy 2010: Social Work Management and Leadership, London

Liga der Freien Wohlfahrtspflege in Hessen 2007: Zum Wandel der Wohlfahrtsverbände. Ein Beitrag zur sozialpolitischen Diskussion, Wiesbaden

Lütge, Christoph. Zum Vorteil aller. Die Marktwirtschaft verbindet Moral und Eigeninteresse. Eine Ethik der Mäßigung passt nicht in die moderne Welt. In: Frankfurter Allgemeine Zeitung, 6. März 2004, S. 15

Maelicke, Bernd 2009: Innovationsmanagement. In: Arnold, Uli/Maelicke, Bernd (Hrsg.), S. 792-815

Maelicke, Bernd 2008: Sozialmanagement. In: Maelicke, Bernd (Hrsg.), Lexikon der Sozialwirtschaft, Baden Baden, S. 923-930

Malik, Fredmund 2006: Führen Leisten Leben. Wirksames Management für eine neue Zeit, Frankfurt/M./New York

Meiffert, Torsten 2007: I would prefer not to ... Anmerkungen zum Unbehagen in Organisationen. Organisations-Entwicklung 1/2007, S. 48-52

Merchel, Joachim 2005a: Sozialmanagement. In: Kreft, Dieter/Mielenz, Ingrid (Hrsg.). Wörterbuch Soziale Arbeit, 5. Auflage, Weinheim

Merchel, Joachim 2005b: „Standards" – unklarer Begriff und unklare Interessen. „Handlungsleitlinien" und „Qualitätskriterien" sind in der Sozialen Arbeit angemessener. Blätter der Wohlfahrtspflege 5/2005, S. 178-182

Merchel, Joachim 2004a: Leitung in der Sozialen Arbeit. Grundlagen der Gestaltung und Steuerung von Organisationen, Weinheim

Merchel, Joachim 2004b: Qualitätsmanagement in der Sozialen Arbeit. Ein Lehr- und Arbeitsbuch, Weinheim

Merchel, Joachim 2004c: Zertifizierung und Qualitätssiegel: Risiken für den Prozess der Qualitätsentwicklung in der Sozialen Arbeit. In: Peterander, Franz/Speck, Otto (Hrsg.), S. 44-63

Merchel, Joachim 2001: Sozialmanagement, Münster

Moos, Gabriele/Peters, André 2008: BWL für soziale Berufe, München

Moos, Gabriele 2004: Balanced Scorecard – ein geeignetes Führungsinstrument für soziale Einrichtungen? In: Peterander, Franz/Speck, Otto (Hrsg.), S. 192-202

Müller-Schöll, Albrecht/Priepke, Manfred 1992: Sozialmanagement. Zur Förderung systematischen Entscheidens, Planens, Organisierens, Führens und Kontrollierens in Gruppen, 3. Auflage, Neuwied

Nell-Breuning, Oswald von 1987: Arbeitet der Mensch zuviel?, Freiburg

Nette, Gabriele 2006: Organisationen in der Moderne – Modernisierung von Organisationen. In: Christa, Harald/Clausnitzer, Sebastian (Hrsg.), Verantwortung im Führen und Leiten in der Sozialen Arbeit, Leipzig, S. 35-57

Otto, Hans-Uwe 2007: Zum aktuellen Diskurs um Ergebnisse und Wirkungen im Feld der Sozialpädagogik und Sozialarbeit – Literaturvergleich nationaler und internationaler Diskussion, Berlin

Pech, Ulrike/Oppl, Hubert 2009: Informationen für die Zukunftsplanung. In: Sozialwirtschaft 5/2009, S. 13-15

Peterander, Franz/Speck, Otto (Hrsg.) 2004: Qualitätsmanagement in sozialen Einrichtungen, 2. Auflage, München

Pfeffer, Jeffrey/Sutton, Robert I. 2006: Hard facts, dangerous half truths and total nonsens. Profiting from Evidence-Based Management, Boston

Pollert, Achim/Kirchner, Bernd/Polzin, Javier Morato 2004: Das Lexikon der Wirtschaft, Bonn

Pracht, Arnold/Wolke, Reinhold 2009: Finanzierung und Finanzmanagement. In: Arnold, Uli/Maelicke, Bernd (Hrsg.), S. 497-524

Putnam, Robert 1993: Making Democracy Work: Civic Traditions in Modern Italy, Princeton

Rath, Tom/Conchie, Barry 2008: Strengths based Leadership, New York.

Reinbacher, Paul 2009: Gewissensmanagement in Organisationen. Möglichkeiten im Umgang mit Corporate Social Responsibility, Wiesbaden

Reinbacher, Paul 2008: Werte, Kultur und die „Kultivierung" der Organisation. Ein Beitrag zur CSR-Debatte. In: zfo 6/2008, S. 360-366

Richter, Rudolf/Furubotn, Eirik G. 2003: Neue Institutionenökonomik, 3. überarbeitete und erweiterte Auflage, Tübingen

Rifkin, Jeremy 2007: Das Ende der Arbeit und ihre Zukunft, 2. Auflage, Frankfurt/M.

Roth, Gerhard 2004: Vernunft ohne jedes Gefühl? Abschied von einem Mythos. Erkenntnisse der Neurobiologie und -psychologie verlangen eine Neubewertung des Wechselspiels von Verstand und Emotionen. In: Personalführung 4/2004, S. 18-25

Salomon, Alice 2008: Lebenserinnerungen Jugendjahre Sozialreform Frauenbewegung Exil, Frankfurt/M.

Schellberg, Klaus 2009: Wertschöpfung in der Sozialwirtschaft [Vortrag am 10. November 2009 der Internationalen Arbeitsgemeinschaft Sozialmanagement und Sozialwirtschaft in Nürnberg]

Schellberg, Klaus 2008a: Betriebswirtschaftslehre für Sozialunternehmen, 3. überarbeitete Auflage, Augsburg

Schellberg, Klaus 2008b: Neue Finanzierungsmodelle sozialwirtschaftlicher Unternehmen. In: Bassarak, Herbert/Wöhrle, Armin (Hrsg.), S. 185-188

Schernus, Renate 1997: Abschied von der Kunst des Indirekten. Umwege werden nicht bezahlt Implikationen und Folgen der Ökonomisierung des Sozialen, Soziale Psychiatrie 21, Heft 3, S. 4-10

Schmid, Bernd/Messmer, Arnold 2003: Fünf Perspektiven von Systemlösungen im Bereich OE/PE. Lernende Organisation, März/April 2003

Schneider, Armin 2009a: Evidence based Management – Ein Weg für die Kirche und ihre Organisationen? In: Pastoralblatt für die Diözesen Aachen, Berlin, Essen, Hildesheim, Köln und Osnabrück 9/2009, S. 271-278

Schneider, Armin 2009b: Forschungsperspektiven in der Sozialen Arbeit, Schwalbach/Ts.

Schneider, Armin 2009c: Für die Zukunft lernen. In: Sozialwirtschaft aktuell, Mai 2009, S. 13

Schneider, Armin 2008: Evaluation: Verfahren und Instrumente, Remagen

Schneider, Armin 2005: Wege zur verantwortlichen Organisation. Die Bedeutung der ethischen und theologischen Perspektive für die Qualität der Personal- und Organisationsentwicklung, Frankfurt/M.

Schnurbein, Georg von 2009: Venture Philanthropy: Die Folgen für soziale Organisationen [Vortrag auf der ConSozial am 12.11.2009 in Nürnberg [eigene Notizen]]

Schrödter, Mark 2007: Soziale Arbeit als Gerechtigkeitsprofession. Zur Gewährleistung von Verwirklichungschancen. In: Neue Praxis 1/2007, S. 328

Schubert, Herbert 2009: Netzwerk-Management: Prozessketten knüpfen. In: Sozialwirtschaft 2/2009, S. 69

Schubert, Herbert 2005: Controlling als Assistenz im Steuerungsprozess. In: Schubert, Herbert (Hrsg.), Sozialmanagement. Zwischen Wirtschaftlichkeit und fachlichen Zielen, 2. überarbeitete und erweiterte Auflage, Wiesbaden, S. 211-235

Schulz-Nieswandt, Frank 2009: Perspektiven der Sozialwirtschaft: eine multidisziplinäre Deutung des normativrechtlich-ökonomischen Regimewandels. In: Archiv für Wissenschaft und Praxis der sozialen Arbeit 3/2009, S. 86-102

Schultz, Volker 2008: Basiswissen Rechnungswesen. München

Schwarz, Peter/Purtschert, Robert/Giroud, Charles/Schauer, Reinbert 2002: Das Freiburger Management-Modell für Nonprofit-Organisationen, 4. Auflage, Bern

Sell, Stefan 2007: Umbau im Gange. Tendenzen beim Umbau des Sozialstaates, Caritas in NRW 3/2007, S. 46

Senge, Peter M. 2008: Die fünfte Disziplin. Kunst und Praxis der lernenden Organisation, 10. Auflage, Stuttgart

Social Enterprise Knowledge Network 2006: Effective Management of Social Enterprises. Lessons from Business and Civil Society Organizations in Iberoamerica, Cambridge/Massachusetts

Solidaris Unternehmensberatungs-GmbH (Hrsg.) 2007: Corporate Governance sozialtätiger Unternehmen. Grundlagen und Hinweise für Verantwortliche in Geschäftsführungs- und Aufsichtsgremien, Köln

Speck, Otto 2004: Marktgesteuerte Qualität – eine neue Sozialphilosophie? In: Peterander, Franz/Speck, Otto (Hrsg.), Qualitätsmanagement in sozialen Einrichtungen, 2. Auflage, München, S. 15-30

Spicker, Paul o. J.: An introduction to social policy. Social Administration. In: http://www2.rgu.ac.uk/publicpolicy/introduction/socadmin.htm [eingesehen am 31.07.2009 um 17:15 Uhr MESZ]

Spraul, Artur/Oeser, Jochen 2007: Controlling [Band 2 Mittelstandsbibliothek], Stuttgart

SROI Europe 2009: Social Return on Investment. In: www.sroieurope.org, [eingesehen am 5. Oktober 2009]

Staub-Bernasconi, Silvia 2007a: Soziale Arbeit als Handlungswissenschaft: systemtheoretische Grundlagen und professionelle Praxis ein Lehrbuch, Bern

Staub-Bernasconi, Silvia 2007b: Vom beruflichen Doppel zum professionellen Tripelmandat. Wissenschaft und Menschenrechte als Begründungsbasis der Profession Soziale Arbeit. In: Sozialarbeit in Österreich 2/2007, S. 8-17

Tracht, Christian 2009: Die Bedeutung immaterieller (Mehr-)Werte für sozialwirtschaftliche Organisationen. In: Nachrichtendienst des Deutschen Vereins für öffentliche und private Fürsorge 12/2009, S. 537-540

Urselmann, Michael 2009: Fundraising. In: Arnold, Uli/Maelicke, Bernd (Hrsg.), Lehrbuch der Sozialwirtschaft, 3. Auflage, Baden Baden, S. 525-549

Wendt, Wolf Rainer 2008: Sozialwirtschaft in mikroökonomischer Wendung Aspekte der sozialwirtschaftlichen Theorie. In: Bassarak, Herbert/Wöhrle, Armin (Hrsg.), S. 37-51

Wendt, Wolf Rainer 2007: Zum Stand der Theorieentwicklung in der Sozialwirtschaft. In: Wendt, Wolf Rainer/Wöhrle, Armin (Hrsg.), S. 19-100

Wendt, Wolf Rainer/Wöhrle, Armin 2007: Sozialwirtschaft und Sozialmanagement in der Entwicklung ihrer Theorie, Augsburg

Wieland, Josef 2008: Vertrauen lässt sich nicht einfach anordnen (Interview mit Siemann, Christiane). In: HR § Compliance 4/2008, S. 12

Wöhrle, Armin 2008: Soziale Arbeit und ihr Management: ein schwieriges Verhältnis und eine Vision. In: Bassarak, Herbert/Wöhrle, Armin (Hrsg.), S. 63-76

Wöhrle, Armin 2007: Zum Stand der Theorieentwicklung des Sozialmanagements. In: Wendt, Wolf Rainer/Wöhrle, Armin 2007: Sozialwirtschaft und Sozialmanagement in der Entwicklung ihrer Theorie, Augsburg, S. 101-159

Wörterbuch der Marxistisch-Leninistischen Soziologie 1983: Berlin